LIDERAZGO FINANCIERO

Cómo los Gerentes de Finanzas Pueden Transformar Resultados y Maximizar el Éxito Empresarial

CONSULTORIA IA

Copyright © 2024 CONSULTORIA IA

All rights reserved

The characters and events portrayed in this book are fictitious. Any similarity to real persons, living or dead, is coincidental and not intended by the author.

No part of this book may be reproduced, or stored in a retrieval system, or transmitted in any form or by any means, electronic, mechanical, photocopying, recording, or otherwise, without express written permission of the publisher.

Cover design by: Art Painter
Library of Congress Control Number: 2018675309
Printed in the United States of America

A NUESTRA FAMILIA

CONTENIDOS

Titulo

Derechos de autor

Dedicatoria

Breve Reseña

Porque Leer este libro

Audiencia Objetivo

Prefacio

Capítulo 1: El Nuevo Rol del Gerente Financiero

Capítulo 2: Tomando Decisiones Basadas en Datos

Capítulo 3: Gestión de Riesgos en un Entorno Global Volátil

Tabla Estadística: Resumen de Creación de un Plan Financiero Resiliente

Capítulo 4: Tecnología y Transformación Financiera

Capítulo 5: Liderazgo Financiero y Cultura Empresarial

Apéndices

BREVE RESEÑA

Liderazgo Financiero: Cómo los Gerentes de Finanzas Pueden Transformar Resultados y Maximizar el Éxito Empresarial es una guía esencial para los gerentes de finanzas que buscan elevar su papel más allá de los números y convertirse en verdaderos líderes estratégicos. Este libro ofrece herramientas prácticas, estrategias de liderazgo financiero y enfoques innovadores para maximizar el valor empresarial. Explorando temas como la planificación financiera a largo plazo, la toma de decisiones informada, la gestión de riesgos y la implementación de tecnologías avanzadas, el lector aprenderá cómo transformar los resultados financieros de su empresa y dirigirla hacia el éxito sostenible.

PORQUE LEER ESTE LIBRO

¿Por qué leer este libro?

Este libro es indispensable para gerentes de finanzas que desean potenciar su liderazgo y generar un impacto significativo en la organización. Aquí encontrarás razones clave para leerlo:

1. Transformación estratégica: Te muestra cómo elevar el rol financiero para influir en decisiones clave y alinearlas con los objetivos de crecimiento a largo plazo.

2. Maximización de resultados: Aprenderás a optimizar los recursos y aumentar la rentabilidad de la empresa mediante una gestión financiera eficaz y proactiva.

3. Herramientas prácticas: El libro te proporciona metodologías probadas y consejos prácticos que puedes implementar de inmediato para mejorar procesos financieros y liderar equipos.

4. Innovación y tecnología: Explora cómo la tecnología financiera, desde la automatización hasta el análisis de datos, puede ser utilizada para tomar decisiones más inteligentes y anticiparte a los cambios del mercado.

5. Gestión de riesgos: Aprenderás a identificar, evaluar y mitigar riesgos financieros, asegurando la sostenibilidad y la estabilidad de la empresa en tiempos de incertidumbre.

6. Crecimiento profesional: Al desarrollar habilidades de liderazgo financiero, te posicionarás como un agente de cambio dentro de tu organización, impulsando tu carrera y mejorando tus oportunidades profesionales.

Leer este libro te ayudará a convertirte en un líder financiero visionario, capaz de transformar resultados y guiar a tu empresa hacia el éxito empresarial.

AUDIENCIA OBJETIVO

La audiencia objetivo de Liderazgo Financiero: Cómo los Gerentes de Finanzas Pueden Transformar Resultados y Maximizar el Éxito Empresarial incluye:

1. Gerentes y Directores Financieros (CFOs): Profesionales responsables de la supervisión de las finanzas corporativas, que buscan mejorar su capacidad para tomar decisiones estratégicas y liderar desde una perspectiva financiera.

2. Ejecutivos y Líderes Empresariales: Altos directivos que desean entender cómo el liderazgo financiero puede transformar el rendimiento empresarial y mejorar la sostenibilidad de la organización.

3. Consultores Financieros y Asesores: Profesionales que brindan asesoría estratégica a empresas y que necesitan herramientas actualizadas para guiar a sus clientes en la optimización de resultados financieros.

4. Emprendedores y Propietarios de Pequeñas y Medianas Empresas (PYMES): Líderes que gestionan sus propios negocios y que buscan comprender mejor las finanzas para tomar decisiones más informadas y fortalecer sus operaciones.

5. Profesionales de Finanzas en Crecimiento: Personas que ocupan cargos intermedios o junior en el área financiera, con ambiciones de asumir roles de liderazgo y que buscan desarrollar habilidades para influir en el éxito empresarial desde una perspectiva financiera.

6. Estudiantes de Finanzas y MBA: Estudiantes de programas de negocios y finanzas que desean aprender cómo aplicar el liderazgo estratégico en el ámbito financiero para maximizar el éxito en sus futuras carreras.

PREFACIO

En el entorno empresarial actual, los gerentes de finanzas ya no se limitan a gestionar presupuestos y revisar balances. Su papel ha evolucionado para convertirse en un factor estratégico crucial que influye directamente en la dirección y el éxito de la organización. El mundo financiero es más dinámico y complejo que nunca, y los líderes de hoy enfrentan el desafío de adaptarse a cambios rápidos, gestionar riesgos globales y aprovechar las tecnologías emergentes.

Escribí este libro porque he visto de primera mano cómo una sólida estrategia financiera puede marcar la diferencia entre el crecimiento sostenido y el estancamiento. A lo largo de mi carrera, he trabajado con líderes financieros en diversos sectores, y he sido testigo de cómo los gerentes que logran alinear las finanzas con la visión empresarial son los que impulsan el cambio más significativo. Esta transformación no se trata solo de números, sino de visión, liderazgo y acción estratégica.

Mi objetivo con este libro es proporcionar una guía práctica y accesible para aquellos que buscan liderar en el ámbito financiero y convertirse en agentes de cambio dentro de sus organizaciones. No es solo un manual técnico sobre cómo gestionar los números; es una hoja de ruta para aquellos que desean influir en decisiones estratégicas, maximizar el rendimiento empresarial y, sobre todo, hacer una diferencia real.

A través de las páginas de este libro, exploraremos cómo los líderes financieros pueden aprovechar al máximo las herramientas modernas, desde la analítica predictiva hasta la inteligencia artificial, mientras también desarrollamos las habilidades blandas necesarias para liderar equipos, influir en colegas y gestionar el cambio. Aprenderás a no solo interpretar los datos, sino a utilizarlos para anticipar el futuro, tomar decisiones más inteligentes y, en última instancia, transformar los resultados de tu empresa.

Este libro está dirigido a cualquier persona que desee convertir las finanzas en una ventaja competitiva. Ya seas un CFO experimentado, un gerente en ascenso o un emprendedor que busca fortalecer su conocimiento financiero, este libro te proporcionará las claves para liderar con confianza en este mundo en constante evolución.

Te invito a sumergirte en este viaje, donde el liderazgo financiero se convierte en el catalizador para transformar empresas, maximizar el éxito y, lo más importante, generar un impacto duradero.

CONSULTORIA IA

CAPÍTULO 1: EL NUEVO ROL DEL GERENTE FINANCIERO

De la contabilidad al liderazgo estratégico

El mundo de los negocios ha cambiado drásticamente en las últimas décadas, impulsado por la globalización, la tecnología y la incertidumbre económica. Las organizaciones ya no pueden confiar en los métodos convencionales para alcanzar el éxito y mantenerse competitivas. En este contexto, el rol del gerente financiero ha evolucionado de manera significativa. Lo que una vez fue una posición centrada en la contabilidad y el cumplimiento normativo, ahora se ha transformado en una función clave que impulsa la estrategia empresarial, la innovación y la creación de valor.

La evolución de la función financiera

Tradicionalmente, el gerente financiero era visto como el "guardián de los números", encargado de mantener los registros contables, preparar los estados financieros y garantizar el cumplimiento de las normativas fiscales y regulatorias. Aunque estas responsabilidades siguen siendo fundamentales, la naturaleza de la función financiera ha cambiado. Los gerentes financieros de hoy no solo supervisan las finanzas, sino que también actúan como líderes estratégicos que influyen en la toma de decisiones a nivel corporativo.

Este cambio ha sido impulsado por varios factores. En primer lugar, las empresas operan en un entorno global y competitivo, lo que exige una mayor agilidad y capacidad para anticiparse a los cambios del mercado. En segundo lugar, la tecnología ha revolucionado la forma en que las organizaciones recopilan, analizan y utilizan la información financiera. Los gerentes financieros ahora tienen acceso a herramientas avanzadas de análisis de datos que les permiten generar insights valiosos para la toma de decisiones. En lugar de ser meros reporteros de datos pasados, los gerentes financieros se han convertido en visionarios que anticipan riesgos y oportunidades.

De la gestión de activos a la creación de valor

Una de las transformaciones más importantes en el rol del gerente financiero ha sido el enfoque en la creación de valor para la empresa. Antes, el objetivo principal de la función financiera era gestionar los activos de manera eficiente, garantizar la liquidez y cumplir con las obligaciones fiscales. Sin embargo, en la actualidad, los gerentes financieros son responsables de mucho más. Su tarea es identificar y aprovechar oportunidades que impulsen el crecimiento, la rentabilidad y la sostenibilidad a largo plazo.

Esto implica un cambio de mentalidad. Los gerentes financieros ya no pueden conformarse con ser administradores pasivos de los recursos. Deben asumir un rol proactivo, colaborando estrechamente con otros líderes empresariales para desarrollar estrategias que maximicen el valor para los accionistas. Esto incluye la identificación de oportunidades de inversión, la optimización de los costos operativos y la gestión de riesgos financieros y no financieros.

Liderazgo en tiempos de incertidumbre

La incertidumbre se ha convertido en una constante en el mundo empresarial moderno. Desde las crisis económicas hasta las disrupciones tecnológicas y los cambios geopolíticos, las empresas enfrentan desafíos complejos que requieren un liderazgo financiero sólido. El nuevo gerente financiero debe ser capaz de guiar a su organización a través de estos tiempos turbulentos, proporcionando una visión clara y tomando decisiones estratégicas informadas.

Uno de los aspectos más críticos del liderazgo financiero en tiempos de incertidumbre es la capacidad de gestionar el riesgo. Los gerentes financieros de hoy deben desarrollar un enfoque integral para la gestión de riesgos que no solo aborde los riesgos financieros, sino también los riesgos operativos, tecnológicos y de reputación. Esto requiere una mentalidad flexible y la capacidad de adaptarse rápidamente a las circunstancias cambiantes.

Además, en tiempos de crisis, el gerente financiero debe ser un comunicador eficaz. No solo debe proporcionar informes financieros precisos, sino que también debe ser capaz de explicar los desafíos financieros de manera clara y comprensible para los diferentes grupos de interés, incluidos los empleados, los inversionistas y los clientes. La transparencia y la confianza son fundamentales para mantener la credibilidad en momentos de incertidumbre.

El gerente financiero como estratega

El cambio hacia un liderazgo estratégico es quizás el aspecto más notable de la evolución del rol del gerente financiero. En lugar de centrarse exclusivamente en los resultados financieros, los gerentes financieros modernos deben estar profundamente involucrados en el desarrollo y la implementación de la estrategia empresarial. Esto incluye la identificación de nuevas oportunidades de crecimiento, la evaluación de fusiones y adquisiciones, y la alineación de las decisiones financieras con los objetivos a largo plazo de la empresa.

Para ser efectivos en este nuevo rol, los gerentes financieros deben tener una comprensión profunda de las operaciones comerciales y ser capaces de pensar de manera holística. Esto significa que deben estar en sintonía con las tendencias del mercado, las demandas de los clientes y los cambios regulatorios, al mismo tiempo que comprenden cómo impactan estos factores en las finanzas de la empresa. En este sentido, el gerente financiero debe actuar como un "consejero de confianza" para el CEO y otros líderes empresariales, ayudando a guiar las decisiones estratégicas con base en datos y análisis sólidos.

La importancia de la tecnología en la nueva era financiera

El avance de la tecnología ha sido uno de los principales impulsores del cambio en la función financiera. Las soluciones de automatización, inteligencia artificial y big data han transformado la forma en que los gerentes financieros realizan su trabajo. Hoy en día, la tecnología permite a los gerentes financieros analizar grandes volúmenes de datos en tiempo real, identificar patrones y tendencias y tomar decisiones más informadas.

Una de las áreas donde la tecnología ha tenido un impacto significativo es en la previsión financiera. Las herramientas de análisis predictivo permiten a los gerentes financieros anticipar los cambios en el entorno empresarial y ajustar sus estrategias en consecuencia. Esto no solo mejora la precisión de las proyecciones financieras, sino que también permite a las empresas ser más ágiles y estar mejor preparadas para enfrentar las disrupciones.

Además, la tecnología ha permitido una mayor colaboración entre los equipos financieros y otros departamentos de la empresa. Las plataformas de análisis de datos en la nube, por ejemplo, facilitan el intercambio de información y mejoran la toma de decisiones en toda la organización. Esto refuerza el papel del gerente financiero como un colaborador estratégico que trabaja en estrecha colaboración con otros líderes empresariales para impulsar el éxito a largo plazo.

Habilidades clave para el gerente financiero del futuro

Para tener éxito en este nuevo rol estratégico, los gerentes financieros deben desarrollar una serie de habilidades que van más allá de la contabilidad y las finanzas tradicionales. Entre las habilidades más importantes se incluyen:

1. Pensamiento estratégico: Los gerentes financieros deben ser capaces de ver más allá de los números y entender cómo las decisiones financieras afectan la estrategia empresarial en su conjunto. Esto requiere una mentalidad proactiva y la capacidad de pensar en el futuro.

2. Liderazgo: El gerente financiero moderno debe ser un líder que inspire y motive a su equipo, al mismo tiempo que colabora con otros líderes empresariales. Esto implica una combinación de habilidades de comunicación, influencia y toma de decisiones.

3. Adaptabilidad: En un entorno empresarial en constante cambio, los gerentes financieros deben ser capaces de adaptarse rápidamente a las nuevas circunstancias y desafíos. Esto incluye la capacidad de aprender nuevas tecnologías y procesos, así como de ajustarse a las cambiantes demandas del mercado.

4. Colaboración: El gerente financiero ya no puede operar en un silo. Debe trabajar de la mano con otros departamentos, incluidos marketing, operaciones y recursos humanos, para asegurar que las decisiones financieras estén alineadas con los objetivos estratégicos de la empresa.

5. Gestión del riesgo: La capacidad de identificar, evaluar y mitigar riesgos es fundamental para el éxito del gerente financiero moderno. Esto incluye no solo los riesgos financieros, sino también los riesgos operativos, tecnológicos y reputacionales.

6. Capacidad analítica: Con la cantidad de datos disponibles en la actualidad, los gerentes financieros deben ser expertos en el análisis de datos y en la extracción de insights valiosos que puedan informar las decisiones empresariales.

Un rol en constante evolución

El nuevo rol del gerente financiero es más amplio y exigente que nunca. Los gerentes financieros ya no son solo guardianes de los números, sino que se han convertido en líderes estratégicos que impulsan el crecimiento, la innovación y la creación de valor en sus organizaciones. En este entorno empresarial dinámico y en constante evolución, los gerentes financieros deben estar preparados para asumir nuevos desafíos, adaptarse a las tecnologías emergentes y liderar con una visión clara y estratégica.

La transición de la contabilidad al liderazgo estratégico no es solo una evolución de responsabilidades, sino una transformación fundamental en la forma en que las empresas ven y valoran el papel de la función financiera. Los gerentes financieros del futuro serán aquellos que puedan combinar su conocimiento financiero con una visión estratégica, ayudando a sus empresas a navegar por un entorno incierto y a prosperar en medio del cambio constante.

Finanzas como motor del cambio organizacional

Las finanzas ya no son un simple departamento dedicado a mantener los libros en orden, garantizar la liquidez o reportar resultados a los inversionistas. En la actualidad, las finanzas son vistas como el núcleo que impulsa el cambio organizacional y la transformación a largo plazo. Esto se debe a que el entorno empresarial se ha vuelto más dinámico y global, donde las decisiones basadas en datos y la gestión estratégica de los recursos son esenciales para la supervivencia y el éxito.

Una organización moderna utiliza las finanzas como su brújula para navegar a través de un mar de incertidumbres económicas, competencia global y cambios tecnológicos acelerados. Los directores financieros (CFOs) y los gerentes financieros ya no son solo los custodios de los números; son los arquitectos que diseñan las estrategias para guiar a la organización hacia el crecimiento, la innovación y la eficiencia. En este sentido, las finanzas no son un simple soporte, sino que se han convertido en el motor principal que impulsa la evolución y el cambio dentro de las empresas.

El papel de las finanzas en la transformación digital

Un excelente ejemplo del poder de las finanzas en la transformación organizacional es el papel crucial que desempeñan en la digitalización empresarial. En muchas industrias, la transformación digital ha redefinido la forma en que las empresas operan, se conectan con sus clientes y generan valor. Las decisiones financieras son claves para la implementación de tecnologías innovadoras como la inteligencia artificial, la automatización robótica de procesos (RPA) y el análisis avanzado de datos.

Los departamentos de finanzas deben evaluar cuidadosamente el retorno de la inversión (ROI) de adoptar nuevas tecnologías, teniendo en cuenta tanto los costos iniciales como los beneficios a largo plazo. Un gerente financiero visionario puede, por ejemplo, identificar cómo la automatización puede reducir los costos operativos, mejorar la eficiencia y liberar recursos para que el personal se concentre en actividades más estratégicas.

Un ejemplo claro de esto es el uso de plataformas en la nube y ERP (Enterprise Resource Planning). La implementación de estas herramientas financieras no solo mejora la precisión y la accesibilidad de los datos, sino que también permite una toma de decisiones más rápida y basada en hechos. Las finanzas, al supervisar estos proyectos de transformación digital, aseguran que la organización no solo adopte la tecnología, sino que lo haga de una manera que genere valor tangible y crecimiento sostenible.

Financiamiento estratégico para la innovación

Otro aspecto en el que las finanzas impulsan el cambio organizacional es a través del financiamiento de la innovación. Las empresas de éxito hoy en día no pueden permitirse el lujo de mantenerse estáticas. Necesitan evolucionar constantemente, ya sea creando nuevos productos, mejorando sus procesos o expandiéndose a nuevos mercados. La financiación de proyectos innovadores es clave para permitir este tipo de cambio.

Las finanzas son responsables de identificar las fuentes adecuadas de capital, gestionar riesgos y diseñar estrategias de financiamiento que impulsen la innovación sin comprometer la estabilidad financiera a largo plazo. Un ejemplo de ello son las empresas de tecnología que recurren a la financiación de capital riesgo para acelerar el desarrollo de productos y ganar cuota de mercado rápidamente.

En el sector farmacéutico, por ejemplo, la inversión en investigación y desarrollo (I+D) es esencial para mantenerse competitivo. Los gerentes financieros juegan un papel decisivo en la planificación y asignación de recursos para proyectos de innovación a largo plazo, evaluando cuidadosamente el riesgo financiero frente al potencial de retorno, como en el caso de la creación de nuevos fármacos o tratamientos.

Finanzas y sostenibilidad: creando organizaciones resilientes

El cambio organizacional impulsado por las finanzas no se limita solo a la adopción de nuevas tecnologías o la financiación de la innovación. Otro aspecto clave es el papel de las finanzas en la creación de organizaciones más resilientes y sostenibles. En el entorno empresarial actual, la sostenibilidad y la responsabilidad social corporativa son temas que han ganado una importancia creciente, y las finanzas tienen un rol central en su desarrollo.

La inversión en prácticas sostenibles y la transición hacia modelos empresariales más ecológicos son decisiones que las finanzas deben guiar. Por ejemplo, al evaluar proyectos de energía renovable o reducir la huella de carbono de la empresa, el departamento de finanzas debe equilibrar las consideraciones de costo a corto plazo con los beneficios a largo plazo, tanto financieros como en términos de reputación.

Además, la resiliencia empresarial, entendida como la capacidad de una organización para adaptarse y prosperar en tiempos de crisis, también está profundamente influenciada por las decisiones financieras. La gestión de riesgos, la diversificación de ingresos y la creación de reservas de capital son ejemplos de cómo las finanzas pueden fortalecer una organización para enfrentar períodos de incertidumbre económica o disrupciones en el mercado.

Finanzas y cultura organizacional

Más allá de los aspectos técnicos, las finanzas también juegan un papel crucial en la cultura organizacional. Un gerente financiero efectivo puede ser un defensor del cambio cultural dentro de la organización, promoviendo una mentalidad de crecimiento y mejora continua. La asignación de recursos, la forma en que se estructuran los presupuestos y las metas financieras establecidas pueden tener un impacto directo en cómo se comportan y motivan los empleados.

Por ejemplo, una empresa que promueva una cultura de innovación puede hacerlo vinculando los presupuestos departamentales y los bonos de desempeño a la capacidad de los equipos para generar ideas innovadoras y mejorar los procesos. De esta forma, las finanzas no solo están gestionando los recursos, sino que también están impulsando comportamientos que fomentan el cambio y la mejora dentro de la organización.

Habilidades clave para liderar en la era digital

El entorno digital ha transformado la manera en que se hace negocio, lo que ha generado la necesidad de un nuevo tipo de liderazgo. Los líderes empresariales de hoy en día necesitan un conjunto de habilidades dinámicas y tecnológicas que les permitan navegar por la complejidad del mundo digital. En esta era, no solo es necesario ser un líder visionario, sino también ser ágil, adaptable y, sobre todo, estar alineado con las tendencias tecnológicas y digitales.

1. Pensamiento crítico y toma de decisiones basada en datos

En la era digital, los líderes no pueden permitirse tomar decisiones basadas únicamente en la intuición o la experiencia pasada. El acceso a grandes volúmenes de datos ha permitido que las decisiones puedan y deban estar fundamentadas en análisis rigurosos. El pensamiento crítico se convierte en una habilidad fundamental, ya que permite a los líderes evaluar la información de manera objetiva y tomar decisiones informadas.

Un ejemplo práctico de esto es el uso del análisis predictivo en la planificación estratégica. Las empresas de retail, por ejemplo, utilizan algoritmos de inteligencia artificial para prever las tendencias de consumo, optimizar los inventarios y ajustar las estrategias de marketing. Un líder digital debe ser capaz de interpretar estos datos, extraer conclusiones accionables y tomar decisiones que optimicen los recursos y mejoren los resultados.

Además, la toma de decisiones basada en datos también requiere una mentalidad abierta y adaptable. En lugar de seguir el status quo, los líderes digitales deben estar dispuestos a desafiar las suposiciones anteriores y explorar nuevas vías basadas en los insights que proporciona la tecnología.

2. Agilidad y adaptabilidad

La velocidad del cambio tecnológico es vertiginosa, y los líderes empresariales deben estar preparados para adaptarse rápidamente a las nuevas realidades del mercado. La agilidad se ha convertido en una de las competencias más valoradas en la era digital, ya que las empresas que pueden moverse rápidamente, experimentar con nuevas tecnologías y ajustarse a los cambios en el entorno económico tienen una ventaja competitiva.

Un buen ejemplo de agilidad en la era digital es la capacidad de una empresa para pivotar su modelo de negocio en respuesta a una crisis. Durante la pandemia del COVID-19, muchas empresas de retail se vieron obligadas a cerrar sus tiendas físicas y trasladar rápidamente sus operaciones al comercio electrónico. Los líderes que fueron capaces de adaptarse a esta nueva realidad no solo sobrevivieron, sino que prosperaron al capitalizar la creciente demanda de compras en línea.

Además, la adaptabilidad también implica una disposición para aprender y evolucionar continuamente. Los líderes deben mantenerse al tanto de las nuevas tecnologías, las tendencias del mercado y los cambios en el comportamiento del consumidor. Aquellos que se muestran reacios al cambio o no priorizan el aprendizaje continuo corren el riesgo de quedarse atrás en un mundo en constante evolución.

3. Competencias tecnológicas

Aunque no se espera que los líderes empresariales sean expertos en codificación o ingeniería de software, es esencial que tengan una comprensión sólida de las tecnologías clave que están transformando su industria. La inteligencia artificial, el big data, la ciberseguridad, la automatización y la computación en la nube son solo algunos de los avances que están remodelando el panorama empresarial.

Por ejemplo, en el sector financiero, los líderes que comprenden el poder del análisis de datos y la automatización pueden implementar herramientas que optimicen los procesos de auditoría, informes financieros y gestión de riesgos. Del mismo modo, en la industria manufacturera, aquellos líderes que están al tanto de los avances en IoT (Internet de las Cosas) pueden aprovechar estas tecnologías para mejorar la eficiencia operativa y reducir los costos de producción.

Además, las competencias tecnológicas no solo se limitan a la implementación de herramientas. Los líderes deben ser capaces de identificar las tecnologías que tendrán el mayor impacto en sus negocios y comprender cómo integrarlas en sus estrategias operativas y de crecimiento.

4. Comunicación efectiva en un entorno digital

En un mundo cada vez más conectado, la capacidad de comunicarse de manera clara y efectiva es una habilidad esencial para los líderes empresariales. La comunicación digital se ha vuelto omnipresente, y los líderes deben ser capaces de utilizar múltiples canales – desde videoconferencias hasta redes sociales – para comunicarse con sus equipos, clientes y stakeholders.

Uno de los desafíos de la comunicación digital es la necesidad de ser más claro y conciso que en los formatos tradicionales. Un correo electrónico mal redactado o un mensaje confuso en Slack puede llevar a malentendidos y pérdida de productividad. Los líderes deben desarrollar habilidades de comunicación que sean efectivas en entornos virtuales y que mantengan a sus equipos alineados y motivados.

Además, la comunicación efectiva también implica la capacidad de contar historias. Los líderes digitales deben ser narradores convincentes que puedan inspirar a sus equipos, comunicar la visión de la empresa y generar confianza tanto dentro como fuera de la organización. Un ejemplo de esto es el uso de plataformas como LinkedIn o Twitter, donde los líderes empresariales pueden compartir su visión y atraer talento o nuevas oportunidades de negocio.

5. Inteligencia emocional y liderazgo inclusivo

Finalmente, una de las habilidades más importantes para liderar en la era digital es la inteligencia emocional. La digitalización ha cambiado la forma en que las personas trabajan y se relacionan, y los líderes deben ser capaces de gestionar no solo los aspectos técnicos del cambio, sino también los impactos emocionales y culturales.

La inteligencia emocional permite a los líderes empatizar con sus equipos, comprender sus preocupaciones y gestionar el estrés y la ansiedad que a menudo surgen en tiempos de cambio. Un líder emocionalmente inteligente también es más efectivo para construir equipos diversos e inclusivos, donde se valoran las diferentes perspectivas y se fomenta la colaboración.

Por ejemplo, en un entorno de trabajo remoto, los líderes deben estar atentos al bienestar de sus empleados, asegurándose de que se sientan conectados y valorados a pesar de la distancia física. Aquellos líderes que priorizan el bienestar emocional de sus equipos no solo mejoran el rendimiento, sino que también retienen el talento a largo plazo.

Las finanzas como motor del cambio organizacional y las habilidades clave para liderar en la era digital son dos temas interrelacionados que requieren una comprensión profunda y una capacidad de adaptación continua. Los líderes que logren dominar estos aspectos estarán mejor preparados para guiar a sus organizaciones hacia el éxito en un mundo cada vez más digital y competitivo.

Caso Simulado: Liderando el Cambio Organizacional y Digital

Contexto:

Eres el CFO (Chief Financial Officer) de una empresa mediana de manufactura llamada TecnoIndustria, que ha tenido éxito durante los últimos 15 años. Sin embargo, la competencia ha crecido exponencialmente, y los avances tecnológicos están transformando la industria rápidamente. Los competidores están adoptando tecnología avanzada, automatizando sus procesos, y aprovechando datos en tiempo real para optimizar la producción y mejorar la experiencia del cliente.

En una reciente reunión de la junta directiva, el CEO de TecnoIndustria ha dejado claro que la empresa necesita adaptarse rápidamente a los cambios tecnológicos para no quedarse atrás. La transformación digital es inminente y depende de ti, como líder financiero, tomar decisiones clave para asegurar que la empresa se mantenga competitiva y rentable en esta nueva era digital.

A continuación, se te presentarán varias situaciones. Como CFO, tu misión es liderar el cambio organizacional a través de decisiones financieras estratégicas y desarrollar las habilidades de liderazgo necesarias para enfrentar la era digital. En cada etapa, tendrás que tomar decisiones que afectarán el rumbo de la empresa.

Situación 1: Evaluación de la Transformación Digital

La empresa está considerando implementar una serie de nuevas tecnologías para automatizar su cadena de suministro y utilizar análisis de datos avanzados para predecir la demanda. El costo inicial del proyecto es elevado, pero los beneficios potenciales incluyen una reducción del 20% en costos operativos y una mejora del 15% en la satisfacción del cliente.

Pregunta 1: Como CFO, ¿cómo evalúas esta inversión tecnológica?

Opciones:

1. Inviertes rápidamente: Decides que el potencial de mejora es significativo y autorizas la inversión de inmediato, confiando en que los beneficios a largo plazo superarán los costos iniciales.

2. Realizas un análisis detallado de ROI: Antes de tomar una decisión, realizas un análisis exhaustivo del retorno de la inversión (ROI), proyectando los flujos de caja futuros y evaluando los riesgos involucrados.

3. Propones una implementación gradual: En lugar de hacer una gran inversión de golpe, decides sugerir una implementación gradual para reducir el riesgo financiero. Esto permitiría hacer ajustes en función de los resultados iniciales.

Posibles Soluciones:

- Si eliges la opción 1, podrías enfrentar resistencia de la junta, que podría estar preocupada por el alto costo inicial. Sin embargo, si los resultados son positivos, la empresa ganará rápidamente una ventaja competitiva.

- Al optar por la 2, estarás tomando una decisión basada en datos sólidos y esto fortalecerá tu posición frente a la junta. Aunque este enfoque puede retrasar la implementación, asegura una evaluación más completa del riesgo y el beneficio a largo plazo.

- En la 3, propones una solución intermedia que minimiza el riesgo financiero, pero podría diluir los beneficios de la tecnología a corto plazo. La ventaja es que si surgen problemas, se pueden corregir antes de realizar una inversión completa.

Situación 2: Desarrollo de Habilidades de Liderazgo en la Era Digital

El CEO te ha informado que además de la transformación tecnológica, el equipo directivo necesita actualizar sus habilidades. Actualmente, muchos de los gerentes no tienen experiencia en el uso de nuevas tecnologías como la inteligencia artificial o el análisis de datos. Además, la cultura organizacional es algo rígida y las decisiones a menudo se basan en intuición, no en datos. Como líder, es tu responsabilidad asegurarte de que el equipo esté preparado para liderar en este nuevo entorno.

Pregunta 2: ¿Cómo abordas el desarrollo de habilidades digitales en el equipo directivo?

Opciones:

1. Contratas consultores externos: Decides contratar consultores externos especializados en tecnología y liderazgo digital para entrenar al equipo directivo. Esto garantiza acceso inmediato a expertos, pero es un enfoque costoso.

2. Fomentas la capacitación interna: Optas por desarrollar un programa de capacitación interno, incentivando a los gerentes a aprender nuevas competencias digitales, como el uso de herramientas de análisis de datos, e integrando las habilidades digitales en la cultura organizacional.

3. Reestructuras el equipo: Crees que algunos gerentes actuales no se adaptarán a la era digital, por lo que propones una reestructuración, reemplazando a los gerentes que no estén preparados para el cambio con líderes que tengan experiencia en tecnología.

Posibles Soluciones:

- Con la opción 1, puedes obtener resultados inmediatos en términos de conocimientos tecnológicos, pero existe el riesgo de que el equipo no se comprometa plenamente si ven la capacitación como algo impuesto por consultores externos.

- Si eliges la 2, estarías promoviendo un cambio cultural más profundo, asegurando que el equipo se sienta involucrado en el proceso de aprendizaje. Sin embargo, este enfoque puede llevar más tiempo y necesitar de una mayor inversión en el desarrollo interno.

- La opción 3 puede parecer una solución rápida, pero podría generar tensiones internas y pérdida de conocimiento institucional. Al cambiar a líderes experimentados pero nuevos en la empresa, existe el riesgo de una transición más compleja.

Situación 3: Comunicación del Cambio a los Empleados

El proceso de transformación digital está avanzando, pero algunos empleados están preocupados por los cambios. Muchos temen que la automatización de los procesos de producción conduzca a la pérdida de empleos. Sabes que es crucial mantener a la plantilla motivada y comprometida durante esta transición, pero también necesitas ser realista con respecto a los cambios que la digitalización traerá.

Pregunta 3: ¿Cómo comunicas el cambio a los empleados?

Opciones:

1. Organizas una reunión general: Decides organizar una reunión general donde explicas la importancia de la transformación digital y aseguras a los empleados que sus habilidades serán reconvertidas y que la empresa invertirá en su desarrollo profesional.

2. Comunicación abierta y transparente: Creas un plan de comunicación donde se envían informes periódicos a los empleados, manteniéndolos informados sobre los avances del proyecto, las oportunidades de capacitación y los cambios que podrían ocurrir en sus roles.

3. Propones incentivos y programas de reentrenamiento: Ofreces incentivos a los empleados que participen en programas de capacitación para adquirir nuevas habilidades digitales y les aseguras oportunidades dentro de la empresa.

Posibles Soluciones:

- Con la opción 1, puedes tener un impacto positivo inmediato al comunicar una visión clara y tranquilizadora, pero existe el riesgo de que los empleados no vean seguimiento real a largo plazo.

- La opción 2 refuerza la transparencia y podría generar confianza a lo largo del tiempo. Sin embargo, si los empleados perciben que la transformación es inevitable y no se sienten lo suficientemente apoyados, esto podría llevar a incertidumbre.

- Optando por la 3, estarías incentivando activamente a los empleados a ser parte de la solución, lo que podría aumentar la moral y la disposición al cambio. Sin embargo, el éxito depende de que los empleados crean en la efectividad de la formación y en las oportunidades futuras.

Situación 4: Gestión del Riesgo durante la Transformación

Durante la implementación de la nueva tecnología, surgieron varios desafíos imprevistos. Algunos de los sistemas nuevos no están integrándose bien con las tecnologías existentes, lo que ha generado retrasos en la producción y sobrecostos. La junta directiva ha comenzado a cuestionar la decisión de avanzar con esta transformación, y algunos directores sugieren que es mejor detener el proyecto y volver a los procesos tradicionales.

Pregunta 4: ¿Cómo manejas este riesgo y respondes a la junta directiva?

Opciones:

1. Revisas el plan de implementación: Propones realizar una auditoría interna del proyecto para identificar las causas de los problemas y ajustar el plan de implementación. Esto incluye modificar el cronograma y destinar recursos adicionales.

2. Contratas a expertos externos para resolver los problemas: Decides contratar a consultores externos especializados en integración tecnológica para resolver los problemas rápidamente, asegurando que la transformación siga su curso sin más contratiempos.

3. Presentas una solución combinada: Optas por una solución mixta, donde mantienes ciertos procesos manuales en el corto plazo mientras soluciones los problemas tecnológicos, para que la producción no se detenga y la transformación continúe de forma controlada.

Posibles Soluciones:

- Con la opción 1, demuestras proactividad al revisar el plan y ajustar sobre la marcha, lo que puede generar confianza en la junta directiva, pero también puede retrasar los beneficios esperados del proyecto.

- La 2 puede ser la solución más rápida, pero podría aumentar significativamente los costos. Además, depender de expertos externos a largo plazo puede no ser sostenible.

- La 3 es una solución pragmática, ya que permite mantener cierta estabilidad mientras resuelves los problemas, aunque puede ralentizar la completa implementación de la transformación digital.

Reflexión final

Este caso simulado te ha llevado a través de decisiones complejas que un líder financiero enfrentaría en un entorno de transformación digital. Como has podido ver, las finanzas no son solo números; son el motor del cambio, y las decisiones estratégicas deben estar basadas tanto en datos como en una comprensión profunda del impacto en las personas.

El éxito de una transformación digital depende no solo de la tecnología, sino de la capacidad del líder para adaptarse, comunicar, gestionar el cambio y empoderar a su equipo.

Preguntas para el lector:

1. ¿Qué decisiones habrías tomado tú en cada situación y por qué?

2. ¿Qué estrategias de comunicación o liderazgo crees que serían más efectivas en tu entorno actual?

3. ¿Qué otras áreas de riesgo o oportunidad percibes en una transformación digital que no se mencionaron en este caso?

CAPÍTULO 2: TOMANDO DECISIONES BASADAS EN DATOS

En el entorno empresarial actual, donde la competencia es feroz y los márgenes de error son mínimos, la capacidad de tomar decisiones estratégicas basadas en datos se ha convertido en un factor determinante para el éxito organizacional. Las decisiones empresariales ya no pueden depender únicamente de la intuición, la experiencia o la historia personal del gerente de finanzas. Los datos ofrecen una visión más objetiva, precisa y amplia del panorama financiero, lo que permite tomar decisiones más informadas y minimizar los riesgos asociados. En este capítulo, exploraremos el poder transformador de los datos en la toma de decisiones financieras, y cómo los gerentes de finanzas pueden usar esta herramienta para maximizar los resultados empresariales.

El Nuevo Rol del Gerente Financiero: De Contador a Estratega

En tiempos pasados, el papel del gerente financiero se limitaba, en gran medida, a la contabilidad, el control de costos y la presentación de informes financieros. Sin embargo, la transformación digital y la creciente disponibilidad de datos han ampliado este rol hacia una función más estratégica. Los gerentes de finanzas actuales no solo deben dominar las habilidades contables, sino también comprender cómo los datos pueden ser aprovechados para prever tendencias, evaluar riesgos y generar nuevas oportunidades de negocio. Este cambio de enfoque coloca al gerente financiero en el centro de la toma de decisiones estratégicas, convirtiéndolo en un asesor clave dentro de la organización.

El acceso a datos en tiempo real y a herramientas avanzadas de análisis ha permitido que los gerentes de finanzas se conviertan en actores proactivos en lugar de reactivos. En lugar de analizar el pasado, pueden prever el futuro, modelar escenarios y ajustar las estrategias en consecuencia. Esto no solo aumenta la precisión de las decisiones financieras, sino que también acelera el proceso de toma de decisiones, lo que es crucial en mercados donde la rapidez puede marcar la diferencia entre el éxito y el fracaso.

El Ciclo de Toma de Decisiones Basado en Datos

El proceso de toma de decisiones basado en datos sigue un ciclo continuo que abarca varias etapas clave. Este ciclo no es lineal, sino iterativo, lo que significa que los gerentes financieros deben estar en constante revisión y adaptación de sus decisiones a medida que nuevos datos se vuelven disponibles o las circunstancias del mercado cambian. El ciclo se puede desglosar en las siguientes fases:

1. Recolección de datos: La base de cualquier decisión informada es la calidad y cantidad de datos disponibles. Aquí es donde los gerentes financieros deben asegurarse de que la empresa tenga los sistemas adecuados para recopilar datos relevantes. Esto incluye tanto datos internos, como estados financieros, presupuestos, y reportes de ventas, como datos externos, que pueden incluir tendencias de la industria, cambios regulatorios, o el comportamiento del consumidor.

2. Análisis de datos: Una vez recopilados, los datos deben ser analizados para extraer patrones, correlaciones y tendencias significativas. Esta fase puede involucrar el uso de herramientas analíticas avanzadas, como el análisis predictivo, el machine learning o incluso la inteligencia artificial, dependiendo de la complejidad del conjunto de datos y las necesidades de la empresa. El objetivo aquí es transformar los datos crudos en información útil que pueda guiar las decisiones.

3. Toma de decisiones: Con la información procesada y analizada, el gerente financiero puede proceder a tomar decisiones estratégicas. Estas decisiones deben estar alineadas con los objetivos generales de la empresa y basarse en la evidencia proporcionada por los datos. Es importante recordar que, si bien los datos son una herramienta poderosa, siempre deben estar equilibrados con la experiencia y el juicio del equipo directivo.

4. Implementación: Una vez tomada la decisión, es esencial llevar a cabo las acciones necesarias de manera eficaz. La implementación de decisiones financieras puede incluir ajustes presupuestarios, cambios en la estructura de costos o inversiones en nuevas oportunidades de crecimiento. Aquí, los gerentes de finanzas deben asegurarse de que los recursos se asignen de manera óptima y que las decisiones se ejecuten de acuerdo con el plan.

5. Monitoreo y ajuste: La última etapa del ciclo implica monitorear los resultados de las decisiones implementadas y compararlos con las expectativas basadas en los datos originales. Si los resultados no son los esperados, es necesario ajustar el curso de acción. Este ciclo continuo de evaluación y ajuste asegura que las decisiones financieras se mantengan alineadas con los objetivos estratégicos de la empresa a lo largo del tiempo.

El Valor de los Datos en la Planificación Financiera

Uno de los beneficios más significativos de utilizar datos en la toma de decisiones financieras es la capacidad de realizar una planificación más precisa y efectiva. Tradicionalmente, la planificación financiera se basaba en gran medida en proyecciones estáticas y suposiciones que no siempre reflejaban con precisión la realidad del mercado. Hoy en día, los datos permiten a los gerentes de finanzas crear modelos financieros dinámicos que se ajustan rápidamente a los cambios en el entorno empresarial.

Por ejemplo, mediante el uso de datos históricos y análisis predictivos, los gerentes financieros pueden prever fluctuaciones en la demanda de productos o servicios, anticipar cambios en los costos operativos, o incluso identificar patrones de comportamiento en los clientes. Esta información les permite ajustar los presupuestos y las previsiones de manera más eficaz, lo que reduce el riesgo de errores costosos y asegura que la empresa esté preparada para enfrentar desafíos futuros.

Además, el uso de datos en la planificación financiera permite a los gerentes crear escenarios de "qué pasaría si", donde pueden modelar diferentes resultados basados en diversas variables. Este tipo de análisis es particularmente útil en tiempos de incertidumbre económica, ya que permite a las empresas evaluar cómo podrían verse afectadas por cambios en los precios de los insumos, variaciones en las tasas de interés o fluctuaciones en el tipo de cambio. Al anticipar estos posibles desafíos, las empresas pueden desarrollar estrategias de mitigación de riesgos que les permitan mantenerse competitivas en mercados volátiles.

Mitigación de Riesgos: Decisiones Más Seguras y Rentables

El análisis de datos no solo facilita una planificación financiera más precisa, sino que también juega un papel crucial en la mitigación de riesgos. Al identificar patrones y tendencias en los datos, los gerentes financieros pueden detectar posibles problemas antes de que se conviertan en crisis. Por ejemplo, el análisis de datos puede revelar una disminución en la demanda de ciertos productos, una caída en la satisfacción del cliente o un aumento en los costos de producción, lo que permite a la empresa tomar medidas correctivas antes de que estas tendencias afecten gravemente a la rentabilidad.

Además, el análisis de datos puede ayudar a las empresas a evaluar el riesgo asociado con nuevas oportunidades de inversión. En lugar de tomar decisiones basadas en suposiciones o expectativas, los gerentes financieros pueden utilizar datos para evaluar objetivamente el potencial de retorno de inversión (ROI) y los riesgos inherentes a una nueva iniciativa. Esto les permite tomar decisiones de inversión más informadas y reducir la probabilidad de pérdidas significativas.

Asimismo, el uso de datos para mitigar riesgos también se aplica a la gestión de la liquidez. Los gerentes financieros pueden utilizar datos en tiempo real para prever fluctuaciones en el flujo de caja y asegurarse de que la empresa cuente con los recursos necesarios para cubrir sus obligaciones financieras. Esto es particularmente importante en industrias con ciclos de ingresos irregulares o donde las condiciones del mercado pueden cambiar rápidamente.

La Cultura de Datos en la Empresa

Si bien el uso de datos puede transformar la toma de decisiones financieras, este enfoque solo será efectivo si se implementa una verdadera "cultura de datos" dentro de la organización. Para muchos gerentes financieros, este es uno de los mayores desafíos. Una cultura de datos implica que todos los niveles de la organización, desde la alta dirección hasta los empleados de primera línea, comprendan el valor de los datos y se comprometan a utilizarlos en la toma de decisiones cotidianas.

Para fomentar una cultura de datos, es crucial que los gerentes financieros trabajen de cerca con otras áreas de la empresa, como tecnología, operaciones y marketing, para asegurarse de que los datos fluyan libremente entre departamentos. Esto no solo mejora la calidad de los datos, sino que también permite a los diferentes equipos colaborar más eficazmente en la toma de decisiones estratégicas.

Además, los gerentes financieros deben estar dispuestos a invertir en la capacitación de su personal para asegurarse de que todos los miembros del equipo sean competentes en el uso de herramientas de análisis de datos. Esto incluye no solo el uso de software financiero avanzado, sino también la capacidad de interpretar los resultados de los análisis y aplicarlos de manera práctica a los problemas empresariales.

El Futuro: Inteligencia Artificial y Decisiones Autónomas

A medida que la tecnología continúa avanzando, el papel de los datos en la toma de decisiones financieras seguirá evolucionando. La inteligencia artificial (IA) y el machine learning están revolucionando la manera en que las empresas analizan y utilizan los datos. Estas tecnologías tienen el potencial de automatizar muchas de las tareas rutinarias asociadas con la toma de decisiones financieras, como el análisis de grandes volúmenes de datos, la detección de patrones y la creación de pronósticos financieros.

Además, la IA tiene la capacidad de aprender y adaptarse con el tiempo, lo que significa que las decisiones basadas en datos se volverán cada vez más precisas y personalizadas a las necesidades específicas de cada empresa. Esto permitirá a los gerentes financieros concentrarse en decisiones más estratégicas y de alto nivel, mientras confían en que las tareas más operativas están siendo gestionadas de manera eficiente por sistemas automatizados.

Sin embargo, es importante recordar que, aunque la tecnología puede mejorar la toma de decisiones, nunca reemplazará completamente el juicio humano. La combinación de datos y experiencia es la clave para el éxito en un entorno empresarial en constante cambio. Los gerentes financieros del futuro deberán equilibrar el uso de herramientas tecnológicas con su propio conocimiento y comprensión del negocio para tomar decisiones que no solo sean rentables, sino también sostenibles a largo plazo.

El poder de los datos en la toma de decisiones financieras es innegable. Desde la mejora de la precisión en la planificación financiera hasta la mitigación de riesgos y la identificación de oportunidades de crecimiento, los datos permiten a los gerentes financieros tomar decisiones más informadas, estratégicas y rentables. Sin embargo, para aprovechar al máximo este poder, es esencial que las empresas adopten una verdadera cultura de datos, inviertan en herramientas y capacitación adecuadas, y estén dispuestas a adaptarse a las nuevas tecnologías a medida que estas continúan evolucionando. En última instancia, los gerentes financieros que dominen el uso de datos estarán mejor preparados para liderar el éxito empresarial en un entorno cada vez más competitivo y dinámico.

Cómo Utilizar la Analítica Financiera para Prever el Futuro

La analítica financiera se ha convertido en una herramienta indispensable para las empresas que buscan no solo entender su situación actual, sino también prever el futuro y tomar decisiones estratégicas basadas en predicciones más precisas. En el entorno empresarial moderno, el simple análisis de datos históricos ya no es suficiente. Las empresas que desean mantenerse competitivas y adaptarse a las fluctuaciones del mercado necesitan ser proactivas, lo que significa anticipar tendencias, evaluar riesgos futuros y ajustar sus estrategias de manera oportuna.

La analítica financiera utiliza un conjunto de herramientas avanzadas que incluyen el análisis predictivo, el aprendizaje automático (machine learning), y la inteligencia artificial (IA), para generar pronósticos precisos basados en grandes volúmenes de datos. Estas herramientas no solo permiten analizar datos financieros pasados y presentes, sino que también ayudan a modelar escenarios futuros, ayudando a las empresas a prepararse mejor para enfrentar lo que está por venir. En este capítulo, exploraremos cómo utilizar la analítica financiera para prever el futuro empresarial, y cómo los KPIs y métricas clave juegan un rol fundamental en la creación de estrategias exitosas.

El Poder del Análisis Predictivo en la Finanzas

Uno de los pilares de la analítica financiera es el análisis predictivo. Esta metodología consiste en utilizar datos históricos para identificar patrones que puedan repetirse en el futuro. En términos financieros, esto podría significar la predicción de tendencias de ventas, cambios en los costos operativos, fluctuaciones en el flujo de caja, o incluso la identificación de riesgos antes de que se materialicen.

Por ejemplo, una empresa que se enfrenta a variaciones estacionales en la demanda de sus productos puede utilizar análisis predictivo para ajustar sus estrategias de producción, inventario y marketing, de modo que estén mejor alineadas con los picos y valles de la demanda del mercado. Al prever estos cambios, la empresa puede reducir costos al optimizar su cadena de suministro y maximizar ingresos al asegurar que los productos estén disponibles cuando y donde se necesitan.

Además, el análisis predictivo permite a las empresas identificar patrones en el comportamiento de los clientes. Imaginemos una empresa minorista que observa una disminución en la frecuencia de compra de ciertos segmentos de clientes. El análisis predictivo podría ayudar a identificar qué factores están contribuyendo a esta disminución, como la entrada de nuevos competidores o cambios en las preferencias del consumidor, lo que permitiría a la empresa ajustar sus estrategias de marketing y ofertas de productos para retener a esos clientes.

Por ejemplo, un banco puede utilizar análisis predictivo para prever el comportamiento de sus clientes en términos de crédito. Al analizar el historial de pagos y la actividad económica, la entidad puede prever qué clientes tienen más probabilidades de incumplir sus préstamos, lo que permite al banco tomar medidas preventivas, como ajustar los términos del préstamo o ofrecer planes de refinanciamiento antes de que el cliente caiga en mora. Este enfoque no solo protege a la institución financiera contra pérdidas, sino que también mejora la experiencia del cliente al ofrecer soluciones antes de que el problema sea incontrolable.

Machine Learning y AI: Potenciando la Analítica Predictiva

El aprendizaje automático y la inteligencia artificial han llevado la analítica financiera a un nivel completamente nuevo, permitiendo a las empresas gestionar cantidades masivas de datos con mayor precisión y velocidad. Estas tecnologías pueden aprender de los datos pasados y mejorar continuamente sus predicciones a medida que se alimentan más datos en el sistema.

Un ejemplo práctico de cómo el aprendizaje automático puede predecir el futuro en las finanzas es el uso de modelos que evalúan el comportamiento del mercado de valores. Mediante el análisis de patrones históricos en los precios de las acciones, junto con variables externas como cambios políticos, económicos o sociales, los modelos de machine learning pueden predecir la dirección en la que se moverán ciertos activos. Esta capacidad para prever cambios en los mercados permite a los gestores de inversiones ajustar sus carteras de manera proactiva, minimizando riesgos y maximizando oportunidades.

De manera similar, las empresas de bienes de consumo pueden utilizar la inteligencia artificial para optimizar su inventario. Al analizar datos históricos de ventas, junto con factores como el clima, festividades, promociones, y datos macroeconómicos, los algoritmos de IA pueden prever la demanda de productos con una precisión sorprendente. Esto reduce la necesidad de almacenamiento excesivo, disminuye el riesgo de desabastecimiento y mejora la eficiencia operativa.

Modelos de Escenarios: Prever Diferentes Futuras

Además de las predicciones basadas en análisis de datos, otro enfoque poderoso para prever el futuro financiero es el uso de modelos de escenarios. Este método permite a los gerentes financieros explorar diferentes futuros posibles y entender cómo variables clave podrían afectar los resultados financieros. Los modelos de escenarios son especialmente útiles en tiempos de incertidumbre económica o cuando una empresa está considerando una nueva inversión o expansión significativa.

Por ejemplo, una empresa que está evaluando la posibilidad de entrar en un nuevo mercado puede crear diferentes escenarios en función de las condiciones del mercado, el comportamiento de los competidores, y las políticas regulatorias. Al simular una variedad de resultados posibles, la empresa puede tomar decisiones mejor informadas sobre cómo y cuándo entrar en el mercado, así como identificar posibles desafíos que podrían surgir.

Un caso específico de la utilidad de los modelos de escenarios es la planificación de la liquidez. Durante una crisis económica, muchas empresas enfrentan incertidumbre sobre su capacidad para mantener un flujo de caja positivo. Mediante la simulación de diferentes escenarios, los gerentes financieros pueden prever cómo cambios en las ventas, los costos operativos o los términos de crédito afectarían la liquidez de la empresa, y ajustar sus estrategias de financiamiento o reducción de costos en consecuencia.

KPI y Métricas Clave para Impulsar el Éxito Empresarial

Si bien la capacidad de prever el futuro a través de la analítica financiera es poderosa, el éxito de esta estrategia depende en gran medida de la selección y monitoreo de indicadores clave de rendimiento (KPIs) y otras métricas financieras. Estas métricas no solo proporcionan una visión clara de la salud financiera actual de la empresa, sino que también permiten medir el progreso hacia objetivos futuros y ajustar las estrategias en función de los resultados.

Los KPIs financieros varían según la industria y los objetivos específicos de la empresa, pero a continuación se describen algunas métricas clave que son fundamentales para la mayoría de las empresas:

1. Margen Bruto

El margen bruto es una de las métricas financieras más básicas, pero a la vez más reveladoras, que mide la diferencia entre los ingresos por ventas y el costo de los bienes vendidos (COGS). Este KPI indica cuánta ganancia se está obteniendo de cada venta antes de considerar otros costos operativos. Un margen bruto bajo puede señalar problemas con la estructura de costos de la empresa, mientras que un margen alto puede indicar una sólida estrategia de precios o una eficiente gestión de costos.

Por ejemplo, una empresa manufacturera puede observar una disminución en su margen bruto durante varios trimestres. Al analizar los datos subyacentes, podría descubrir que los costos de las materias primas han aumentado debido a cambios en los aranceles de importación. Esta información permite a la empresa ajustar sus precios de venta, renegociar con proveedores o buscar alternativas más económicas para proteger su margen y mantener la rentabilidad.

2. Rentabilidad sobre el Capital Invertido (ROIC)

La rentabilidad sobre el capital invertido (ROIC) mide la eficiencia con la que una empresa utiliza su capital para generar ganancias. Este KPI es fundamental para evaluar si la empresa está obteniendo un retorno adecuado sobre las inversiones que realiza. Un ROIC bajo sugiere que la empresa podría estar malgastando sus recursos, mientras que un ROIC alto indica que las inversiones están generando buenos resultados.

Por ejemplo, una empresa tecnológica que invierte en el desarrollo de nuevos productos puede utilizar el ROIC para medir el éxito de esas inversiones. Si después de varios ciclos de desarrollo el ROIC es bajo, la empresa puede reconsiderar su estrategia de inversión, ya sea diversificando su cartera de productos o ajustando su enfoque de investigación y desarrollo.

3. Flujo de Caja Libre

El flujo de caja libre (FCF) es una métrica crítica que mide la cantidad de efectivo disponible después de que la empresa ha cubierto sus gastos operativos y de capital. Este KPI es esencial para evaluar la capacidad de la empresa para generar efectivo que puede ser utilizado para pagar deudas, realizar inversiones o devolver valor a los accionistas a través de dividendos o recompra de acciones.

Por ejemplo, una empresa en crecimiento podría estar generando buenos ingresos, pero al analizar su flujo de caja libre, se da cuenta de que sus altos gastos de capital están limitando su capacidad para reinvertir en el negocio. Esta información podría llevar a la empresa a priorizar proyectos de capital que ofrezcan el mayor retorno sobre la inversión o a buscar formas de optimizar sus operaciones para reducir los costos fijos.

4. Costo de Adquisición de Clientes (CAC)

El costo de adquisición de clientes (CAC) es una métrica clave para empresas orientadas al consumidor que buscan expandir su base de clientes. Este KPI mide cuánto está costando a la empresa adquirir un nuevo cliente, y es fundamental para evaluar la eficiencia de las estrategias de marketing y ventas.

Por ejemplo, una empresa de software como servicio (SaaS) podría utilizar el CAC para medir la efectividad de sus campañas de marketing digital. Si el CAC aumenta, la empresa puede ajustar sus campañas para centrarse en canales más rentables o mejorar la retención de clientes para maximizar el valor de vida del cliente (LTV).

5. Valor de Vida del Cliente (LTV)

El valor de vida del cliente (LTV) mide los ingresos que una empresa espera generar de un cliente a lo largo de toda su relación con la empresa. Este KPI es especialmente útil para empresas que dependen de relaciones a largo plazo con sus clientes, como aquellas en los sectores de servicios financieros o tecnología.

Por ejemplo, una empresa de servicios financieros podría analizar su LTV para determinar si sus esfuerzos de retención están funcionando. Si el LTV es bajo en comparación con el costo de adquisición de clientes, la empresa puede redirigir sus esfuerzos hacia mejorar la satisfacción y lealtad del cliente, ofreciendo servicios adicionales o mejorando la experiencia general del cliente.

La analítica financiera, respaldada por herramientas avanzadas como el análisis predictivo, el aprendizaje automático y los modelos de escenarios, permite a las empresas prever el futuro y tomar decisiones más informadas. Pero para maximizar el impacto de estas predicciones, es crucial seleccionar los KPIs y métricas financieras adecuadas, que brinden una visión clara de la salud financiera y el progreso hacia los objetivos. Al dominar el uso de la analítica financiera y las métricas clave, los gerentes financieros no solo podrán anticipar el futuro, sino también liderar el éxito empresarial en un mundo cada vez más competitivo y dinámico.

Concepto	Descripción	Ejemplo de Aplicación
Análisis Predictivo	Método que utiliza datos históricos para identificar patrones y prever tendencias futuras en el comportamiento financiero.	Una empresa minorista utiliza análisis predictivo para ajustar sus estrategias de inventario durante períodos de alta demanda estacional.
Machine Learning y AI	Tecnologías que automatizan el análisis de grandes volúmenes de datos, mejorando la precisión de las predicciones.	Un banco usa machine learning para prever qué clientes tienen más probabilidades de incumplir con sus préstamos, ajustando sus políticas antes de que ocurra el problema.
Modelos de Escenarios	Creación de diferentes futuros posibles para evaluar cómo afectarán las decisiones actuales y los eventos externos.	Una empresa evalúa su liquidez durante una recesión económica simulando escenarios donde las ventas disminuyen o los costos operativos aumentan.
Margen Bruto	Diferencia entre los ingresos por ventas y el costo de los bienes vendidos (COGS), que refleja la rentabilidad antes de costos operativos.	Una empresa manufacturera ajusta sus precios de venta para compensar el aumento de los costos de materias primas y mantener un margen bruto saludable.

Rentabilidad sobre el Capital Invertido (ROIC)	Mide la eficiencia con la que una empresa utiliza su capital para generar ganancias.	Una empresa tecnológica mide el ROIC de su inversión en desarrollo de productos para determinar si debe seguir invirtiendo o cambiar de enfoque.
Flujo de Caja Libre (FCF)	Cantidad de efectivo disponible después de cubrir los gastos operativos y de capital, útil para evaluar la capacidad de financiar proyectos o pagar deudas.	Una empresa de crecimiento revisa su flujo de caja libre y ajusta sus inversiones en proyectos de capital que ofrezcan mayor retorno.
Costo de Adquisición de Clientes (CAC)	Mide el costo total de adquirir un nuevo cliente, incluyendo marketing y ventas, utilizado para evaluar la eficiencia de las estrategias de crecimiento.	Una empresa SaaS evalúa el aumento en su CAC y ajusta sus campañas de marketing para enfocarse en canales más rentables.
Valor de Vida del Cliente (LTV)	Estima los ingresos totales que un cliente generará durante su relación con la empresa, comparado con el costo de adquisición del cliente.	Una empresa de servicios financieros ajusta sus programas de retención de clientes para aumentar el LTV y mejorar la rentabilidad.

CAPÍTULO 3: GESTIÓN DE RIESGOS EN UN ENTORNO GLOBAL VOLÁTIL

Identificando y Mitigando Riesgos Financieros

En el mundo actual, las empresas operan en un entorno dinámico donde las fluctuaciones económicas, los cambios regulatorios y las disrupciones tecnológicas son comunes. Esta volatilidad, que solía ser un fenómeno esporádico, se ha convertido en la nueva normalidad. La globalización y la interconexión de los mercados internacionales han añadido capas adicionales de complejidad. Los gerentes financieros, ahora más que nunca, deben ser capaces de prever, identificar y mitigar riesgos para asegurar la sostenibilidad y el éxito a largo plazo de sus organizaciones.

1. La Naturaleza del Riesgo Financiero en un Mundo Globalizado

El riesgo financiero no es un concepto nuevo, pero ha evolucionado significativamente con la globalización de los mercados y la rápida expansión de las tecnologías disruptivas. El riesgo financiero abarca múltiples facetas, desde el riesgo de mercado, el riesgo de crédito, hasta el riesgo operativo y de liquidez.

Riesgo de mercado: Las fluctuaciones en los precios de los activos, las tasas de interés, y las divisas extranjeras pueden afectar los ingresos y los costos de las empresas, especialmente para aquellas que operan a nivel internacional. La volatilidad de los mercados financieros y de materias primas puede impactar negativamente en las previsiones de ingresos y aumentar los costos de financiamiento.

Riesgo de crédito: La capacidad de los clientes o contrapartes para cumplir con sus obligaciones financieras es fundamental. En entornos de incertidumbre económica, las tasas de incumplimiento de pago pueden aumentar, exponiendo a las empresas a pérdidas financieras significativas.

Riesgo de liquidez: Tener acceso a capital en momentos críticos es vital. Las interrupciones en los flujos de caja, debido a crisis económicas o dificultades operativas, pueden hacer que una empresa no pueda cumplir con sus compromisos de corto plazo, lo que a su vez puede llevar a su insolvencia.

Riesgo operativo: La globalización ha aumentado la dependencia de sistemas complejos de TI y cadenas de suministro internacionales. Una falla en cualquiera de estos sistemas o la exposición a ciberataques puede ser devastadora. Además, las empresas deben enfrentar la posibilidad de que nuevos reguladores, normativas o conflictos geopolíticos puedan afectar sus operaciones diarias.

2. La Importancia de una Estrategia Integral de Gestión de Riesgos

En este contexto, los líderes financieros deben desarrollar estrategias de gestión de riesgos que sean holísticas e integrales. No se trata únicamente de reaccionar ante un evento cuando este ocurre, sino de tener mecanismos proactivos y preventivos que minimicen el impacto de las incertidumbres antes de que afecten a la organización.

El primer paso para mitigar el riesgo financiero es identificar los riesgos potenciales. Para hacerlo de manera efectiva, es esencial tener una visión amplia del entorno externo y de los factores internos que podrían desencadenar vulnerabilidades. Una evaluación de riesgos detallada debe ser parte del ADN de la organización, y esto implica implementar un proceso continuo de monitoreo de riesgos que esté alineado con los objetivos estratégicos del negocio.

3. Estrategias para Identificar y Mitigar el Riesgo Financiero

Análisis de escenarios y planificación estratégica: Una de las formas más efectivas de mitigar riesgos es a través del análisis de escenarios. Al crear diferentes escenarios de posibles futuros, las empresas pueden prepararse para una variedad de resultados y desarrollar planes de contingencia. Por ejemplo, en tiempos de incertidumbre económica, las empresas pueden simular cómo diferentes cambios en las tasas de interés, fluctuaciones en los precios de las materias primas o variaciones en las regulaciones fiscales afectarán su rentabilidad y liquidez.

Coberturas financieras: Las coberturas son instrumentos valiosos que pueden ser utilizados para proteger a las empresas de riesgos específicos, como el riesgo cambiario o el riesgo de tasa de interés. Los contratos a futuro, opciones y swaps permiten a las empresas fijar precios o tasas en el presente para evitar fluctuaciones adversas en el futuro. Estas herramientas no eliminan el riesgo por completo, pero ayudan a reducir la incertidumbre en torno a factores clave.

Diversificación de ingresos y geografías: Las empresas que dependen de una única fuente de ingresos o un solo mercado geográfico son más vulnerables a shocks externos. La diversificación en términos de productos, servicios y mercados puede diluir el impacto de los riesgos asociados con un solo sector o ubicación. Las estrategias de expansión geográfica y la introducción de nuevos productos pueden actuar como una protección natural contra la volatilidad en mercados específicos.

Gestión de relaciones con proveedores y clientes: En el entorno actual, donde las cadenas de suministro globales son frágiles, es esencial tener relaciones sólidas y diversificadas con los proveedores y clientes. Las empresas deben asegurarse de que no dependan de un solo proveedor para materias primas clave o servicios esenciales. Al mismo tiempo, es crucial mantener políticas de crédito efectivas para evitar la exposición excesiva a clientes con altos riesgos de incumplimiento.

Cultura de resiliencia organizacional: Desarrollar una cultura de resiliencia dentro de la organización es fundamental. Esto incluye asegurar que los empleados de todos los niveles estén capacitados para tomar decisiones rápidas y efectivas durante tiempos de crisis. La agilidad organizacional, combinada con una mentalidad de adaptación rápida a los cambios, puede ser la diferencia entre el éxito y el fracaso en momentos de volatilidad.

4. La Tecnología como Aliada en la Gestión de Riesgos

El uso de la tecnología ha transformado la forma en que las empresas gestionan sus riesgos. La inteligencia artificial (IA), el machine learning y el big data permiten a las organizaciones predecir y mitigar riesgos con una precisión sin precedentes.

Big data y análisis predictivo: Las empresas ahora tienen acceso a grandes cantidades de datos que pueden ser analizados para identificar patrones y señales tempranas de riesgo. El análisis predictivo permite a los gerentes financieros tomar decisiones más informadas y prevenir potenciales crisis antes de que se conviertan en problemas graves. Por ejemplo, el análisis de datos de clientes puede predecir cuándo es probable que uno de ellos incumpla con sus pagos, lo que permite a la empresa tomar medidas preventivas.

Automatización de procesos de control: La automatización de controles financieros y operativos no solo reduce la posibilidad de errores humanos, sino que también permite a las organizaciones ser más ágiles en la identificación y respuesta a los riesgos. Los sistemas automatizados pueden monitorear continuamente las operaciones para detectar posibles desviaciones o anomalías en tiempo real.

Ciberseguridad: La dependencia de tecnologías digitales también ha aumentado la vulnerabilidad a los ciberataques. Las violaciones de datos pueden ser extremadamente costosas y dañar la reputación de una empresa. Implementar medidas robustas de ciberseguridad y tener planes de contingencia para ataques cibernéticos son esenciales para cualquier estrategia de gestión de riesgos.

5. Creando una Estrategia de Mitigación de Riesgos Financiera

A nivel práctico, los gerentes financieros deben diseñar e implementar un plan de mitigación de riesgos que esté alineado con los objetivos de la empresa y sea flexible para adaptarse a los cambios en el entorno.

Evaluación de la tolerancia al riesgo: Cada empresa tiene un nivel de tolerancia al riesgo diferente, dependiendo de su industria, su estructura financiera y sus metas estratégicas. Es crucial definir cuál es el umbral de riesgo aceptable para la organización. Esto permitirá a los líderes financieros tomar decisiones informadas sobre qué riesgos asumir y cuáles evitar.

Monitoreo continuo y adaptación: El entorno global cambia rápidamente, y las estrategias de mitigación de riesgos deben ser dinámicas. Los líderes financieros deben revisar regularmente sus planes de gestión de riesgos y ajustarlos cuando sea necesario. La implementación de métricas de rendimiento clave (KPI) para medir la efectividad de las estrategias de mitigación es esencial para asegurarse de que la empresa esté siempre preparada.

Transparencia y comunicación: La comunicación clara y abierta sobre los riesgos que enfrenta la organización debe ser una prioridad. Todos los niveles de la empresa, desde la junta directiva hasta los empleados de primera línea, deben estar alineados con la estrategia de gestión de riesgos. La transparencia en la comunicación también asegura que los accionistas y otras partes interesadas confíen en la capacidad de la empresa para manejar la volatilidad.

6. La Importancia de la Adaptabilidad en un Entorno Volátil

En un mundo donde la incertidumbre es la norma, la capacidad de adaptación se ha convertido en una ventaja competitiva. Aquellas organizaciones que sean capaces de adaptarse rápidamente a las condiciones cambiantes del mercado no solo sobrevivirán, sino que prosperarán. Los líderes financieros deben cultivar una mentalidad de flexibilidad y estar dispuestos a ajustar sus estrategias cuando sea necesario. Esto incluye estar preparados para pivotar cuando se enfrenten a crisis económicas, disrupciones tecnológicas o cambios regulatorios.

La gestión de riesgos financieros en un entorno global volátil es un desafío constante, pero también una oportunidad para que los gerentes financieros demuestren su valor estratégico. Al identificar proactivamente los riesgos, mitigar su impacto y crear una cultura de resiliencia, las empresas no solo pueden protegerse de la volatilidad, sino también aprovechar las oportunidades que surgen en tiempos de incertidumbre. La clave del éxito radica en una estrategia integral, apoyada por tecnología avanzada y un liderazgo ágil.

Creación de un Plan Financiero Resiliente

La Importancia de la Resiliencia Financiera

En un entorno empresarial que se caracteriza por su volatilidad y complejidad, la resiliencia financiera se ha convertido en una competencia crítica para las empresas que desean no solo sobrevivir, sino prosperar. La resiliencia financiera se refiere a la capacidad de una organización para anticiparse, adaptarse y recuperarse de eventos adversos que pueden amenazar su estabilidad y crecimiento. Crear un plan financiero resiliente no es solo una medida preventiva; es una estrategia proactiva que permite a las empresas navegar por la incertidumbre global y capitalizar las oportunidades que surgen en momentos de crisis.

Para ilustrar esta importancia, consideremos el caso de Unilever, una de las compañías de bienes de consumo más grandes del mundo. A lo largo de su historia, Unilever ha enfrentado múltiples crisis, desde fluctuaciones en el costo de las materias primas hasta cambios en las preferencias del consumidor. Durante la pandemia de COVID-19, la empresa demostró una notable resiliencia al adaptar rápidamente su cadena de suministro y lanzar nuevos productos que atendieran las necesidades emergentes de los consumidores, como desinfectantes y productos de higiene. Este enfoque proactivo y flexible le permitió no solo mantener su cuota de mercado, sino también crecer en un contexto desafiante.

1. Componentes Clave de un Plan Financiero Resiliente

La creación de un plan financiero resiliente requiere la integración de varios componentes clave. Estos elementos no solo permiten a las empresas gestionar los riesgos de manera más efectiva, sino que también establecen una base sólida para el crecimiento sostenible.

1.1 Evaluación de Riesgos y Análisis de Escenarios

Un paso fundamental en la creación de un plan financiero resiliente es la evaluación de riesgos. Este proceso implica identificar y evaluar los diferentes riesgos que podrían impactar la organización, desde factores económicos y políticos hasta riesgos operativos y tecnológicos. Las empresas deben desarrollar un marco para categorizar y priorizar estos riesgos en función de su probabilidad de ocurrencia y su posible impacto.

Un método eficaz para llevar a cabo esta evaluación es a través de un análisis de escenarios. Esto implica desarrollar múltiples escenarios futuros y modelar cómo podría verse afectada la organización en cada uno de ellos. Por ejemplo, una empresa que depende en gran medida de un solo proveedor para sus materias primas podría simular un escenario en el que ese proveedor enfrenta problemas financieros. A través de este ejercicio, la empresa puede identificar vulnerabilidades en su cadena de suministro y desarrollar estrategias de mitigación, como diversificar su base de proveedores o establecer acuerdos de suministro a largo plazo.

1.2 Presupuestación Flexible y Proyecciones Dinámicas

La presupuestación tradicional a menudo se basa en suposiciones rígidas que pueden volverse obsoletas rápidamente en un entorno volátil. Por lo tanto, es crucial implementar un enfoque de presupuestación flexible. Esto implica la capacidad de ajustar el presupuesto y las proyecciones financieras en función de cambios en el entorno empresarial.

Una herramienta útil en este contexto es el modelo de proyección dinámica, que permite a las organizaciones actualizar sus proyecciones financieras a medida que se reciben nuevos datos. Por ejemplo, durante la crisis financiera de 2008, muchas empresas tuvieron que ajustar rápidamente sus expectativas de ingresos y gastos a medida que la situación económica se deterioraba. Aquellas que adoptaron una presupuestación flexible pudieron reaccionar más rápidamente y minimizar el impacto de la crisis en su rendimiento financiero.

1.3 Diversificación de Ingresos y Fuentes de Financiamiento

La diversificación es un principio clave en la creación de un plan financiero resiliente. Dependiendo de un solo producto, mercado o fuente de financiamiento puede ser arriesgado. Las empresas deben esforzarse por diversificar sus líneas de productos y servicios, así como explorar nuevas oportunidades de mercado.

Un ejemplo notable de diversificación es Amazon, que comenzó como una librería en línea y ha expandido su oferta para incluir productos electrónicos, servicios de transmisión, computación en la nube y más. Esta diversificación no solo ha permitido a Amazon aumentar sus ingresos, sino que también ha proporcionado una red de seguridad durante las recesiones en ciertos sectores. Durante la pandemia, su división de servicios en la nube, Amazon Web Services (AWS), creció considerablemente, compensando cualquier disminución en otros segmentos de negocio.

Además, las empresas deben considerar diversificar sus fuentes de financiamiento. Dependiendo únicamente de préstamos bancarios o capital de riesgo puede ser arriesgado en tiempos de incertidumbre económica. Explorar alternativas como financiamiento a través de bonos corporativos, financiamiento colectivo o asociaciones estratégicas puede proporcionar mayor flexibilidad y acceso a capital en momentos críticos.

1.4 Inversión en Tecnología y Capacidades de Análisis

La inversión en tecnología y capacidades analíticas es esencial para la resiliencia financiera. Las herramientas de análisis de datos permiten a las empresas obtener información valiosa sobre su rendimiento financiero y las tendencias del mercado. Esto, a su vez, facilita la toma de decisiones más informadas y estratégicas.

Un ejemplo de cómo la tecnología puede mejorar la resiliencia es el uso de sistemas de gestión empresarial (ERP) que integran datos de diferentes áreas de la organización, desde finanzas hasta ventas y operaciones. Al tener una visión integral de la empresa, los gerentes financieros pueden identificar áreas de mejora, optimizar los costos y responder de manera más efectiva a las fluctuaciones del mercado.

2. Estrategias para Enfrentar Incertidumbres Globales

En un mundo cada vez más globalizado, las empresas deben estar preparadas para enfrentar una variedad de incertidumbres que pueden surgir de factores económicos, políticos y sociales. A continuación, se presentan algunas estrategias clave que las organizaciones pueden adoptar para fortalecer su capacidad de respuesta ante estos desafíos.

2.1 Monitoreo de Indicadores Económicos Globales

La economía global está interconectada, y los cambios en un país o región pueden tener repercusiones en otras partes del mundo. Por lo tanto, es vital que los gerentes financieros monitoreen de cerca los indicadores económicos globales, como tasas de crecimiento, inflación, tasas de interés y tendencias en el comercio internacional.

Por ejemplo, durante la guerra comercial entre Estados Unidos y China, muchas empresas experimentaron interrupciones en sus cadenas de suministro y fluctuaciones en los precios de los productos. Aquellas que estaban al tanto de los cambios en las políticas comerciales y las tarifas impuestas pudieron ajustar sus estrategias de aprovisionamiento y producción con anticipación, minimizando así su exposición a riesgos.

2.2 Fomento de la Innovación y Adaptación Rápida

La innovación es una de las herramientas más poderosas para enfrentar la incertidumbre. Las empresas deben fomentar una cultura de innovación que les permita adaptarse rápidamente a las condiciones cambiantes del mercado. Esto implica no solo desarrollar nuevos productos y servicios, sino también replantear procesos internos y modelos de negocio.

Un ejemplo de esto es Netflix, que comenzó como un servicio de alquiler de DVD por correo y se transformó en un gigante del streaming al innovar en su modelo de negocio y adaptarse a las preferencias cambiantes de los consumidores. Durante la pandemia, Netflix experimentó un crecimiento explosivo en su base de suscriptores, gracias a su capacidad para adaptarse rápidamente y ofrecer contenido relevante en un momento de gran incertidumbre.

Las empresas deben estar dispuestas a experimentar y aprender de los fracasos, lo que les permitirá ajustar sus enfoques y mantenerse competitivas en un entorno global en constante cambio.

2.3 Colaboración y Alianzas Estratégicas

La creación de alianzas estratégicas puede ser una forma efectiva de enfrentar incertidumbres globales. Al colaborar con otras empresas, organizaciones y grupos de interés, las empresas pueden compartir recursos, conocimientos y riesgos. Estas asociaciones pueden ofrecer acceso a nuevos mercados, tecnologías y oportunidades de negocio.

Por ejemplo, durante la pandemia de COVID-19, varias empresas farmacéuticas y biotecnológicas colaboraron en la investigación y desarrollo de vacunas. Estas alianzas no solo aceleraron el proceso de desarrollo, sino que también compartieron los riesgos financieros y técnicos involucrados en la investigación.

Además, las empresas pueden beneficiarse de alianzas con proveedores locales en mercados internacionales. Estas relaciones pueden ayudar a las empresas a adaptarse a las diferencias culturales y económicas, facilitando su entrada y éxito en nuevos mercados.

2.4 Capacitación y Desarrollo del Talento

La capacidad de una organización para enfrentar la incertidumbre también depende de la calidad y la adaptabilidad de su talento humano. Las empresas deben invertir en capacitación y desarrollo del talento para asegurar que sus empleados estén equipados con las habilidades necesarias para navegar en un entorno cambiante.

Esto incluye no solo la capacitación técnica, sino también el desarrollo de habilidades blandas, como la resolución de problemas, la comunicación y la colaboración. Durante la crisis financiera de 2008, muchas empresas descubrieron que aquellas que habían invertido en el desarrollo de sus empleados estaban mejor preparadas para adaptarse a los cambios y superar los desafíos.

3. Evaluación y Ajuste Continuo del Plan Financiero

La creación de un plan financiero resiliente no es un ejercicio de una sola vez, sino un proceso continuo que requiere evaluación y ajuste regular. Las empresas deben establecer mecanismos para monitorear la efectividad de su plan y hacer cambios cuando sea necesario.

3.1 Establecimiento de Indicadores de Rendimiento Clave (KPI)

Los indicadores de rendimiento clave (KPI) son herramientas esenciales para medir el éxito de un plan financiero. Estos indicadores deben alinearse con los objetivos estratégicos de la organización y ser revisados regularmente para asegurar que se mantengan relevantes en un entorno cambiante. Algunos ejemplos de KPI incluyen el margen de beneficio, la rentabilidad sobre la inversión y la liquidez.

3.2 Revisión Periódica del Plan Financiero

Las empresas deben realizar revisiones periódicas de su plan financiero para evaluar su desempeño y realizar ajustes según sea necesario. Estas revisiones deben considerar factores internos y externos, incluyendo cambios en el mercado, en la regulación y en la economía en general.

Durante la pandemia de COVID-19, muchas empresas tuvieron que revisar y ajustar sus planes financieros en respuesta a la caída de la demanda, el cierre de instalaciones y los cambios en las preferencias del consumidor. Aquellas que realizaron revisiones regulares y ajustaron sus estrategias pudieron adaptarse más rápidamente a la nueva normalidad.

La Resiliencia como Estrategia a Largo Plazo

La creación de un plan financiero resiliente y el desarrollo de estrategias para enfrentar incertidumbres globales son esenciales para cualquier organización que aspire a prosperar en un entorno dinámico y volátil. Al integrar la evaluación de riesgos, la diversificación, la innovación y la colaboración en su enfoque financiero, las empresas pueden fortalecer su capacidad de respuesta ante desafíos imprevistos y capitalizar las oportunidades que surgen en tiempos de crisis.

Como hemos visto a través de ejemplos como Unilever, Amazon y Netflix, las organizaciones que adoptan un enfoque proactivo y adaptable no solo sobreviven a la incertidumbre, sino que también emergen más fuertes y más competitivas. En última instancia, la resiliencia financiera no es solo una respuesta a la adversidad; es un imperativo estratégico que permite a las empresas prosperar en el complejo paisaje económico del siglo XXI.

TABLA ESTADÍSTICA: RESUMEN DE CREACIÓN DE UN PLAN FINANCIERO RESILIENTE

Pregunta Clave	Respuesta / Estrategia	Ejemplo
¿Qué es la resiliencia financiera?	La capacidad de una organización para anticiparse, adaptarse y recuperarse de eventos adversos que amenazan su estabilidad y crecimiento.	Unilever adaptándose durante COVID-19.
¿Cuáles son los componentes clave de un plan financiero resiliente?	1. Evaluación de riesgos y análisis de escenarios. 2. Presupuestación flexible y proyecciones dinámicas. 3. Diversificación de ingresos y fuentes de financiamiento. 4. Inversión en tecnología y capacidades de análisis.	Amazon diversificando su modelo de negocio.
¿Cómo se realiza la evaluación de riesgos?	Identificando y evaluando riesgos potenciales mediante un análisis de escenarios que modela el impacto de diferentes crisis en la organización.	Análisis de un proveedor único.
¿Qué es la presupuestación flexible?	Un enfoque que permite ajustar el presupuesto y las proyecciones financieras basándose en cambios en el entorno empresarial y nuevas informaciones.	Modelos de proyección dinámica.
¿Por qué es importante diversificar ingresos?	Reduce el riesgo financiero al no depender de un solo producto, mercado o fuente de financiamiento, permitiendo a la empresa adaptarse mejor a cambios del mercado.	Amazon Web Services compensando caídas.
¿Cómo afecta la innovación a la resiliencia?	Fomenta una cultura de adaptación y respuesta rápida a cambios del mercado, permitiendo a las empresas mantenerse competitivas.	Netflix innovando en el contenido.

¿Qué papel juegan las alianzas estratégicas?	Permiten a las empresas compartir recursos, conocimientos y riesgos, facilitando la entrada a nuevos mercados y la adaptación a diferencias culturales.	Colaboración en desarrollo de vacunas.
¿Cómo se mide la efectividad de un plan financiero?	A través de indicadores de rendimiento clave (KPI) que deben alinearse con los objetivos estratégicos y ser revisados regularmente.	Margen de beneficio, liquidez.
¿Qué se debe hacer tras la evaluación del plan?	Realizar revisiones periódicas del plan financiero para ajustar estrategias en función de cambios internos y externos en el mercado.	Revisión del plan durante COVID-19.
¿Cuál es el enfoque general para la resiliencia?	La resiliencia financiera debe ser un enfoque proactivo y estratégico, integrando la evaluación de riesgos, diversificación, innovación y colaboración para prosperar en tiempos de crisis.	Proactividad en la planificación.

CAPÍTULO 4: TECNOLOGÍA Y TRANSFORMACIÓN FINANCIERA

En el mundo actual, la transformación tecnológica está redefiniendo cómo las empresas gestionan sus finanzas. Los avances en automatización e inteligencia artificial (IA) están proporcionando a los gerentes financieros herramientas sin precedentes para optimizar sus operaciones, reducir costos y mejorar la toma de decisiones estratégicas. Esta evolución no solo mejora la eficiencia, sino que también impulsa el crecimiento empresarial y crea un entorno donde los líderes financieros pueden maximizar el éxito de sus organizaciones.

Automatización e Inteligencia Artificial en Finanzas

La automatización financiera es el proceso mediante el cual las tareas repetitivas y manuales se realizan mediante tecnología sin intervención humana. Esto no solo reduce la posibilidad de errores humanos, sino que también libera tiempo valioso para que los profesionales financieros se concentren en actividades de mayor valor estratégico. Por su parte, la inteligencia artificial, en el contexto financiero, utiliza algoritmos avanzados para analizar grandes volúmenes de datos, identificar patrones y predecir tendencias. Juntas, estas tecnologías están revolucionando la función financiera de las empresas, ofreciendo nuevas formas de abordar los desafíos y capturar oportunidades.

La Automatización: Un Pilar de la Eficiencia

La automatización en finanzas abarca una amplia gama de aplicaciones, desde la conciliación de cuentas hasta la facturación y la gestión de nóminas. Al digitalizar estos procesos, las empresas pueden reducir el tiempo dedicado a tareas administrativas, eliminar errores y mejorar el control interno. Imagina un mundo donde las tareas que antes tomaban horas, como generar informes financieros o conciliar transacciones bancarias, ahora pueden completarse en minutos o incluso segundos.

Un área clave donde la automatización está generando un impacto significativo es en la gestión de cuentas por pagar y por cobrar. Los sistemas automatizados pueden gestionar todo el ciclo de vida de una transacción, desde la emisión de una factura hasta su pago final, minimizando el riesgo de errores y mejorando el flujo de caja. Además, la automatización permite a los equipos financieros rastrear cada transacción en tiempo real, lo que facilita la toma de decisiones informadas y reduce los retrasos en el proceso de cobro.

La automatización también juega un papel crucial en el cumplimiento normativo. Con la creciente complejidad de las regulaciones financieras, garantizar que una empresa cumpla con todos los requisitos legales puede ser una tarea monumental. Sin embargo, los sistemas automatizados pueden monitorear continuamente las normativas y ajustar los procesos internos de manera automática para garantizar el cumplimiento, minimizando los riesgos y las posibles sanciones.

La Inteligencia Artificial: Predicción y Toma de Decisiones

Mientras que la automatización se centra en hacer más eficientes los procesos existentes, la inteligencia artificial lleva la eficiencia un paso más allá al mejorar la calidad de la toma de decisiones. A través del análisis de grandes volúmenes de datos, la IA puede identificar patrones ocultos y generar información que de otro modo sería inaccesible para los humanos.

En la gestión de riesgos, por ejemplo, la IA está transformando la manera en que las empresas identifican y mitigan las amenazas financieras. Los modelos predictivos impulsados por IA pueden analizar datos históricos y en tiempo real para anticipar riesgos potenciales, como cambios en los mercados o fluctuaciones económicas. Esto permite a los gerentes financieros tomar decisiones proactivas y ajustar sus estrategias antes de que los riesgos se materialicen.

En el ámbito de las inversiones, la IA está demostrando ser un recurso invaluable. Los algoritmos pueden analizar millones de puntos de datos, desde precios de acciones hasta indicadores macroeconómicos, para recomendar decisiones de inversión basadas en datos objetivos. Estos sistemas no solo eliminan el sesgo humano, sino que también permiten tomar decisiones en tiempo real, lo que es crucial en los mercados financieros volátiles y rápidos.

Además, la IA está revolucionando la planificación financiera a largo plazo. Los algoritmos de aprendizaje automático pueden evaluar múltiples escenarios financieros y ofrecer recomendaciones basadas en análisis predictivos. Esto ayuda a los gerentes financieros a desarrollar estrategias más robustas y adaptativas, que pueden ajustarse automáticamente en función de las condiciones del mercado o los cambios internos dentro de la empresa.

Automatización y IA en la Contabilidad Financiera

La contabilidad es uno de los campos que más se beneficia de la automatización y la IA. Desde la conciliación de cuentas hasta la creación de informes financieros complejos, estas tecnologías han reducido significativamente el tiempo y el esfuerzo que los contables deben dedicar a las tareas manuales. Los sistemas automatizados pueden recopilar datos de diversas fuentes, categorizarlos y presentarlos en informes claros y precisos, listos para el análisis y la toma de decisiones.

La contabilidad basada en IA también ha mejorado la precisión de los informes financieros. Al eliminar el factor de error humano, las empresas pueden confiar en que sus informes reflejan con precisión su situación financiera. Además, los sistemas de IA pueden identificar discrepancias o anomalías en los datos financieros, lo que facilita la detección temprana de posibles problemas o fraudes.

Un ejemplo destacado de cómo la automatización y la IA están transformando la contabilidad es el uso de "bots" financieros. Estos bots pueden ejecutar transacciones financieras, analizar balances y generar informes detallados en cuestión de minutos. Estos sistemas no solo mejoran la eficiencia, sino que también permiten a los equipos financieros centrarse en el análisis estratégico en lugar de perder tiempo en tareas operativas.

La Transformación Digital y su Impacto en la Cultura Organizacional

La adopción de automatización e IA no solo cambia los procesos financieros, sino también la cultura organizacional. Para maximizar los beneficios de estas tecnologías, las empresas deben fomentar una cultura de innovación y agilidad. Esto significa que los gerentes financieros deben estar dispuestos a liderar el cambio, adoptando nuevas herramientas y alentando a sus equipos a hacer lo mismo.

A medida que las tareas repetitivas son asumidas por sistemas automatizados, los roles tradicionales dentro de los departamentos financieros están evolucionando. Los profesionales de finanzas ahora están desempeñando un papel más estratégico, participando activamente en la planificación empresarial y en la toma de decisiones clave. Esto requiere un conjunto de habilidades diferente, que incluye la capacidad de interpretar datos complejos, comprender los sistemas de IA y trabajar de manera interdisciplinaria con otras áreas de la organización.

La capacitación y el desarrollo continuo son fundamentales en este proceso de transformación. Las empresas que invierten en la educación de sus equipos financieros para que comprendan y utilicen plenamente estas tecnologías estarán en una mejor posición para aprovechar al máximo las ventajas de la automatización y la IA. Al mismo tiempo, los líderes financieros deben estar preparados para abordar las preocupaciones éticas y de privacidad que puedan surgir con el uso de tecnologías avanzadas.

El Futuro de la Inteligencia Artificial y la Automatización en Finanzas

A medida que la tecnología continúa avanzando, es probable que veamos una integración aún mayor de la inteligencia artificial y la automatización en las finanzas. Las futuras aplicaciones de la IA probablemente incluyan sistemas aún más avanzados de análisis predictivo, capaces de anticipar tendencias y oportunidades con una precisión sin precedentes. Además, la automatización continuará expandiéndose, abarcando procesos financieros cada vez más complejos y permitiendo a las empresas operar con una eficiencia aún mayor.

Otro desarrollo emocionante en el horizonte es la combinación de IA con tecnologías emergentes como blockchain. Esta sinergia podría crear sistemas financieros aún más transparentes y seguros, revolucionando la forma en que las empresas manejan sus transacciones y almacenan datos financieros. A largo plazo, esto podría llevar a un nuevo paradigma en la gestión financiera, donde la automatización y la IA no solo mejoren la eficiencia, sino que también creen nuevas formas de valor para las empresas.

La automatización y la inteligencia artificial están transformando el panorama financiero, brindando a los gerentes de finanzas herramientas poderosas para optimizar procesos, reducir riesgos y tomar decisiones más informadas. Al adoptar estas tecnologías, las empresas no solo pueden mejorar su eficiencia operativa, sino también crear una ventaja competitiva duradera en un entorno empresarial en constante cambio. Para los líderes financieros, el futuro ya está aquí, y es digital, automatizado e impulsado por la inteligencia artificial.

Innovación tecnológica para mejorar la eficiencia operativa

En el entorno empresarial actual, la innovación tecnológica se ha convertido en un motor esencial para mejorar la eficiencia operativa y obtener una ventaja competitiva en el mercado global. La adopción de tecnologías avanzadas no solo permite a las empresas reducir costos, sino que también les ayuda a optimizar procesos, mejorar la calidad de sus productos y servicios, y acelerar la toma de decisiones. A medida que las organizaciones buscan formas de mantenerse ágiles y competitivas, la implementación de herramientas tecnológicas como la automatización, la inteligencia artificial, y la robótica está transformando la manera en que operan. Estos avances permiten no solo reducir el tiempo dedicado a tareas repetitivas y laboriosas, sino también mejorar la precisión y la confiabilidad en los resultados.

Un ejemplo notable de esta transformación es la automatización de la cadena de suministro. Tradicionalmente, la gestión de inventarios, la producción y la distribución han sido procesos altamente manuales que requerían una coordinación exhaustiva y una constante supervisión. Sin embargo, con la integración de sistemas automatizados, las empresas ahora pueden realizar un seguimiento en tiempo real del movimiento de bienes, predecir la demanda futura mediante análisis de datos, y ajustar los niveles de inventario automáticamente para evitar desabastecimientos o excesos. Empresas como Amazon han implementado soluciones robóticas avanzadas en sus centros de distribución, permitiendo que los productos se almacenen y se empaquen de manera eficiente sin intervención humana. Este nivel de automatización no solo mejora la velocidad de procesamiento, sino que también minimiza los errores que pueden ocurrir durante la manipulación manual.

Además, la inteligencia artificial (IA) ha comenzado a jugar un papel crucial en la toma de decisiones empresariales. Las organizaciones están adoptando sistemas de IA que pueden analizar grandes volúmenes de datos y extraer patrones que son invisibles para los humanos. En el sector de servicios financieros, por ejemplo, las herramientas basadas en IA están ayudando a los bancos y a las instituciones financieras a realizar análisis de riesgos más precisos, identificar oportunidades de inversión, y predecir el comportamiento del mercado. Este uso de la tecnología no solo permite tomar decisiones más informadas, sino que también reduce la dependencia de la intuición humana y minimiza el riesgo de error.

Otro ejemplo de innovación tecnológica es el uso de plataformas de colaboración y comunicación en tiempo real. Herramientas como Microsoft Teams, Slack y Zoom han revolucionado la forma en que las empresas interactúan internamente y con sus clientes. Estas plataformas permiten que los equipos trabajen de manera colaborativa, independientemente de su ubicación geográfica, facilitando la coordinación en proyectos complejos y mejorando la eficiencia en la toma de decisiones. Especialmente durante la pandemia de COVID-19, estas tecnologías demostraron ser vitales para mantener la continuidad del negocio, permitiendo a las organizaciones adaptarse rápidamente a un modelo de trabajo remoto sin sacrificar la productividad.

Asimismo, la transformación digital ha impulsado la adopción de soluciones de análisis de datos en múltiples sectores. El análisis predictivo y la inteligencia de negocios (BI) están permitiendo a las empresas anticipar tendencias del mercado, identificar oportunidades de mejora interna y comprender mejor las necesidades de los clientes. Las empresas que integran plataformas de BI en sus operaciones pueden realizar un seguimiento de los indicadores clave de rendimiento (KPIs) en tiempo real y ajustar sus estrategias según sea necesario. Por ejemplo, en la industria manufacturera, el análisis de datos de los equipos de producción puede predecir cuándo es probable que una máquina falle, lo que permite a la empresa realizar mantenimiento preventivo y evitar costosas interrupciones.

En este sentido, la innovación tecnológica también está impactando de manera significativa en la gestión de los recursos humanos (RR.HH). Las soluciones de software de recursos humanos automatizan procesos como la nómina, el seguimiento de horas trabajadas y la gestión de beneficios. Además, las plataformas de reclutamiento impulsadas por IA están cambiando la manera en que las empresas encuentran y contratan talento, al analizar currículos y cartas de presentación de manera automática para identificar a los candidatos más adecuados para cada posición. Esto no solo acelera el proceso de contratación, sino que también permite a las empresas tomar decisiones más imparciales, reduciendo el sesgo humano en la evaluación de los postulantes.

En conjunto, estas innovaciones tecnológicas están impulsando una nueva era de eficiencia operativa. Las empresas que adoptan estas herramientas y plataformas están mejor posicionadas para superar a sus competidores, ya que pueden optimizar sus recursos, reducir costos y mejorar su capacidad para responder a las demandas del mercado. A medida que la tecnología continúa evolucionando, las empresas deberán mantenerse ágiles y dispuestas a adoptar nuevas soluciones para seguir siendo competitivas en un entorno en constante cambio.

Blockchain, fintech y el futuro de la gestión financiera

En los últimos años, el blockchain y las fintech han irrumpido en el sector financiero, desafiando las estructuras tradicionales y transformando la manera en que las personas y las empresas gestionan el dinero. Mientras que las instituciones financieras tradicionales se han basado en procesos centralizados y sistemas legacy que pueden ser ineficientes y costosos de mantener, el blockchain y las fintech ofrecen soluciones descentralizadas, más transparentes, seguras y ágiles. Este cambio no solo está afectando a la banca y los pagos, sino también a áreas como la inversión, los préstamos y la gestión del riesgo financiero.

El blockchain es una tecnología que permite registrar transacciones de manera segura y transparente en una red distribuida de computadoras. Cada transacción es verificada por múltiples nodos en la red, lo que elimina la necesidad de intermediarios y reduce el riesgo de fraude. Una de las aplicaciones más destacadas del blockchain es el uso de criptomonedas, como Bitcoin y Ethereum. Estas monedas digitales permiten a los usuarios realizar transacciones directas entre pares, sin la necesidad de un banco u otro intermediario, lo que puede reducir costos y acelerar los tiempos de transacción.

Sin embargo, el potencial del blockchain va mucho más allá de las criptomonedas. En el ámbito de la gestión financiera, el blockchain está revolucionando áreas como la auditoría, la contabilidad y el cumplimiento normativo. Las empresas pueden utilizar el blockchain para crear registros inmutables de sus transacciones financieras, lo que facilita la auditoría y reduce el riesgo de fraude o manipulación de datos. Por ejemplo, una empresa puede registrar todas sus transacciones en una cadena de bloques, lo que garantiza que no se puedan alterar retroactivamente sin el consenso de la red. Esto proporciona un nivel de transparencia sin precedentes y puede ayudar a las empresas a cumplir con regulaciones cada vez más estrictas.

Además, el blockchain tiene el potencial de transformar los mercados de capitales. Actualmente, el comercio de activos financieros, como acciones y bonos, implica una serie de intermediarios, lo que aumenta los costos y ralentiza el proceso. Con el blockchain, los activos financieros pueden tokenizarse, lo que permite a los inversores comprar y vender estos activos de manera directa y sin intermediarios. Este proceso no solo reduce los costos, sino que también puede aumentar la liquidez y facilitar el acceso a los mercados financieros para una mayor cantidad de inversores. De hecho, ya se están llevando a cabo experimentos con valores tokenizados en varias bolsas de valores del mundo, lo que sugiere que esta tecnología podría ser el futuro del comercio de activos.

Por otro lado, el surgimiento de fintech ha generado una explosión de innovación en el sector financiero. Las empresas fintech están desarrollando nuevas soluciones que están haciendo que los servicios financieros sean más accesibles, asequibles y convenientes para los consumidores. Las aplicaciones de pagos móviles, como Venmo y Cash App, han revolucionado la forma en que las personas transfieren dinero entre sí, eliminando la necesidad de efectivo o cheques. Al mismo tiempo, las plataformas de inversión en línea, como Robinhood, están haciendo que invertir en acciones y otros activos financieros sea más accesible para una nueva generación de inversores.

Uno de los desarrollos más emocionantes en el ámbito fintech es la integración de la inteligencia artificial y el aprendizaje automático en los servicios financieros. Las plataformas de fintech están utilizando algoritmos avanzados para ofrecer productos y servicios personalizados a sus clientes. Por ejemplo, las aplicaciones de asesoría robótica, como Betterment y Wealthfront, utilizan IA para analizar la situación financiera de sus clientes y ofrecer recomendaciones de inversión personalizadas. Estos servicios no solo son más accesibles y asequibles que los asesores financieros tradicionales, sino que también pueden ajustarse automáticamente a las condiciones cambiantes del mercado.

El impacto de la fintech también se está viendo en el ámbito de los préstamos. Tradicionalmente, los préstamos han sido gestionados por bancos y otras instituciones financieras que utilizan procesos centralizados para evaluar la solvencia de los solicitantes. Sin embargo, las plataformas fintech de préstamos entre pares (P2P) permiten a los prestamistas y prestatarios conectarse directamente, eliminando la necesidad de un intermediario. Este modelo no solo reduce los costos para ambas partes, sino que también abre nuevas oportunidades para los prestatarios que podrían haber sido rechazados por los bancos tradicionales.

A medida que el blockchain y las fintech continúan avanzando, el futuro de la gestión financiera parece cada vez más centrado en la descentralización, la automatización y la personalización. Las empresas que adopten estas tecnologías estarán mejor posicionadas para prosperar en un entorno financiero en constante cambio. Sin embargo, este cambio también trae desafíos. La regulación de las fintech y las criptomonedas sigue siendo un tema candente, y las instituciones financieras tradicionales deben adaptarse rápidamente para no quedarse atrás.

El blockchain y las fintech están impulsando una revolución en la gestión financiera. Las empresas que adopten estas innovaciones estarán mejor posicionadas para capitalizar las oportunidades que ofrecen, al mismo tiempo que navegan por los desafíos regulatorios y de seguridad que surgen con estas tecnologías emergentes. A medida que el mundo financiero continúa evolucionando, la capacidad de adaptarse a estas nuevas realidades será clave para el éxito a largo plazo.

Tema	Descripción	Ejemplo/Anecdota
Innovación tecnológica para mejorar la eficiencia operativa	La adopción de tecnologías como la automatización, IA, robótica y análisis de datos permite a las empresas optimizar procesos, reducir costos y mejorar la precisión en sus operaciones.	**Amazon y la automatización robótica:** Amazon ha integrado robots en sus centros de distribución para mover productos de forma eficiente, lo que permite reducir el tiempo de procesamiento de pedidos, mejorar la precisión y reducir errores humanos.
Automatización en la cadena de suministro	Sistemas automatizados permiten gestionar inventarios en tiempo real, ajustándose a la demanda y reduciendo desabastecimientos o sobreproducción.	**Walmart y el seguimiento en tiempo real:** Walmart utiliza sistemas avanzados de automatización para seguir en tiempo real el inventario en miles de tiendas, lo que les permite reabastecer con precisión y evitar la falta de productos en los estantes.
Inteligencia artificial en la toma de decisiones	La IA ayuda a analizar grandes volúmenes de datos, identificar patrones y predecir tendencias, facilitando la toma de decisiones empresariales más informadas.	**Goldman Sachs y la IA en inversiones:** La empresa utiliza IA para analizar enormes volúmenes de datos y predecir oportunidades de inversión, lo que ha mejorado la precisión de sus recomendaciones a los clientes.

Colaboración y comunicación digital	Herramientas como Microsoft Teams y Slack han permitido una colaboración eficiente y la adaptación a modelos de trabajo remoto, mejorando la productividad.	**Slack y la pandemia:** Durante la pandemia de COVID-19, empresas como IBM migraron rápidamente a plataformas como Slack para mantener la coordinación entre equipos dispersos, asegurando la continuidad del negocio en un entorno completamente digital.
Análisis de datos para predicciones y ajustes	Las plataformas de análisis predictivo permiten a las empresas anticipar problemas, realizar mantenimiento preventivo y optimizar recursos.	**General Electric y mantenimiento predictivo:** GE usa análisis predictivo en sus motores aéreos para anticipar fallos y realizar mantenimiento antes de que ocurra una avería, reduciendo el tiempo de inactividad y los costos de reparación.
Automatización en recursos humanos (RR.HH.)	Herramientas de software automatizan procesos de nómina, gestión de beneficios y contratación, mejorando la eficiencia y reduciendo sesgos.	**Unilever y la IA en contratación:** Unilever utiliza IA para realizar entrevistas y evaluar a los candidatos con algoritmos que detectan aptitudes, eliminando sesgos humanos y reduciendo el tiempo de contratación de varias semanas a días.
Blockchain en la gestión financiera	Blockchain ofrece un sistema descentralizado, seguro y transparente para transacciones financieras, eliminando intermediarios y reduciendo costos.	**De Beers y blockchain en diamantes:** De Beers usa blockchain para rastrear la cadena de suministro de diamantes, asegurando la autenticidad y evitando el fraude o los diamantes de origen ilegal en cada transacción.

Criptomonedas y transacciones directas	Las criptomonedas como Bitcoin permiten realizar transacciones entre pares sin la necesidad de bancos, reduciendo costos y acelerando los tiempos de transacción.	**Tesla y el pago con Bitcoin:** En 2021, Tesla anunció que aceptaría Bitcoin como método de pago para sus vehículos, un paso que ilustra cómo las criptomonedas están siendo adoptadas por grandes empresas, aunque posteriormente la medida fue revertida.
Blockchain en auditoría y contabilidad	Las empresas pueden registrar transacciones en blockchain, lo que facilita la auditoría y reduce el riesgo de fraude, ya que los registros no se pueden alterar.	**EY y blockchain en auditorías:** Ernst & Young (EY) utiliza blockchain para auditar transacciones de grandes clientes, asegurando transparencia total y una reducción significativa en el tiempo necesario para completar auditorías complejas.
Fintech en pagos y transferencias	Las fintech han transformado los pagos y las transferencias de dinero mediante soluciones móviles que facilitan transacciones rápidas y sin necesidad de bancos.	**Venmo y los pagos sociales:** Venmo, una aplicación de pagos móviles, ha revolucionado la forma en que los millennials y la generación Z transfieren dinero, haciendo los pagos tan fáciles como enviar un mensaje de texto.
Fintech y la inversión personalizada con IA	Las plataformas de inversión están utilizando IA para ofrecer recomendaciones personalizadas, basadas en el análisis de datos del cliente y las condiciones del	**Wealthfront y la inversión robótica:** Wealthfront utiliza IA para gestionar carteras de inversión personalizadas para sus usuarios, ajustando automáticamente las asignaciones de activos según el perfil de riesgo y el

	mercado.	comportamiento del mercado.
Préstamos P2P (peer-to-peer) y fintech	Las plataformas fintech permiten a prestatarios y prestamistas conectarse directamente, eliminando intermediarios, reduciendo costos y mejorando el acceso al crédito.	**LendingClub y los préstamos entre pares:** LendingClub facilita préstamos personales entre usuarios, permitiendo a prestatarios acceder a tasas más bajas y a prestamistas obtener mayores rendimientos que en productos bancarios tradicionales.

5. LIDERAZGO FINANCIERO Y CULTURA EMPRESARIAL

En el entorno empresarial actual, los líderes financieros ya no se limitan solo a la gestión de los números. Sus responsabilidades se han expandido hacia áreas estratégicas que impactan directamente la cultura empresarial. El rol de un gerente de finanzas o CFO (Chief Financial Officer) ha evolucionado de ser un guardián de los recursos financieros a convertirse en un motor clave de cambio organizacional. El liderazgo financiero es fundamental para moldear y transformar la cultura corporativa, lo que puede maximizar el éxito empresarial a largo plazo.

La Intersección entre Finanzas y Cultura Empresarial

La cultura empresarial puede definirse como el conjunto de valores, creencias, normas y comportamientos que caracterizan el funcionamiento interno de una empresa. Es, en esencia, el "ADN" de una organización. Una cultura empresarial sólida no solo impulsa la motivación de los empleados, sino que también se refleja en la productividad, la innovación y, en última instancia, en los resultados financieros.

El liderazgo financiero juega un papel esencial en esta dinámica. Los líderes financieros tienen una visión clara de los recursos disponibles y una perspectiva única sobre cómo se asignan esos recursos. Esta capacidad les permite no solo influir en las decisiones estratégicas, sino también en cómo se estructuran los incentivos, las prioridades y los objetivos dentro de una organización. En otras palabras, los gerentes de finanzas son actores clave en la alineación de la cultura empresarial con los objetivos estratégicos.

Cómo los Líderes Financieros Influyen en la Cultura

Existen varias formas en las que los líderes financieros pueden influir en la cultura empresarial. Aquí se exploran algunas de las más importantes:

1. Alineación de Presupuestos y Estrategias con Valores Corporativos

Una de las maneras más directas en las que los gerentes de finanzas pueden influir en la cultura empresarial es a través de la asignación de presupuestos. Las decisiones sobre dónde gastar y dónde ahorrar son un reflejo de los valores y prioridades de una organización. Si una empresa valora la innovación, por ejemplo, se debe reflejar en el presupuesto, invirtiendo en investigación y desarrollo. Si el valor central es la sostenibilidad, entonces las inversiones en tecnologías verdes y procesos responsables serán prioritarios.

Al tomar decisiones financieras alineadas con los valores corporativos, los líderes financieros no solo refuerzan esos valores, sino que también envían un mensaje claro a toda la organización sobre lo que es importante. Esta alineación es esencial para crear una cultura de coherencia y responsabilidad.

2. Creación de Incentivos que Refuercen Comportamientos Deseados

Los incentivos son una herramienta poderosa para moldear el comportamiento dentro de una organización. Los líderes financieros tienen la responsabilidad de diseñar y supervisar los sistemas de compensación que premian ciertos comportamientos. A través de estructuras de bonificación, planes de participación en beneficios y otras formas de incentivos, los gerentes de finanzas pueden influir en la cultura empresarial de manera significativa.

Por ejemplo, si una empresa quiere fomentar una cultura de colaboración y trabajo en equipo, es fundamental que sus sistemas de incentivos no promuevan la competencia individual a expensas de los objetivos grupales. Un liderazgo financiero inteligente se asegura de que los incentivos estén alineados con los valores culturales deseados.

3. Transparencia y Comunicación Financiera Abierta

La transparencia financiera es un pilar de cualquier cultura empresarial saludable. Cuando los empleados entienden cómo y por qué se toman decisiones financieras, es más probable que se sientan involucrados y alineados con los objetivos de la empresa. Los líderes financieros pueden fomentar una cultura de confianza y compromiso al compartir información financiera de manera clara y accesible. Esto no solo mejora la moral de los empleados, sino que también puede aumentar la lealtad y el sentido de pertenencia.

Una comunicación financiera abierta también ayuda a evitar malentendidos y desinformación, lo que puede erosionar la cultura empresarial. Al ser transparentes sobre los desafíos financieros, las oportunidades de crecimiento y las decisiones estratégicas, los gerentes de finanzas pueden mantener una cultura de honestidad y responsabilidad.

4. Apoyar el Desarrollo del Talento y la Capacitación

Los líderes financieros también tienen la capacidad de influir en la cultura empresarial al destinar recursos para el desarrollo del talento y la capacitación. Una organización que invierte en el crecimiento personal y profesional de sus empleados envía un mensaje claro sobre la importancia del aprendizaje continuo y la adaptabilidad. Esto no solo mejora el rendimiento de los empleados, sino que también ayuda a crear una cultura de mejora constante y resiliencia.

Un líder financiero con visión estratégica no solo verá esto como un gasto, sino como una inversión en el futuro de la empresa. Al priorizar la capacitación y el desarrollo, los gerentes de finanzas refuerzan una cultura de empoderamiento y éxito.

El Impacto del Liderazgo Financiero en la Sostenibilidad Cultural

La cultura empresarial no es algo estático; evoluciona con el tiempo y debe ser adaptable a los cambios del entorno económico, tecnológico y social. Aquí es donde el liderazgo financiero puede tener un impacto transformador. A través de una gestión prudente pero ambiciosa, los gerentes de finanzas pueden asegurar que la cultura empresarial no solo se mantenga fuerte en tiempos de crisis, sino que también se adapte y evolucione para enfrentar nuevos desafíos.

1. Financiar la Innovación y el Cambio

Las empresas que no innovan corren el riesgo de quedarse atrás en un entorno empresarial que avanza a gran velocidad. Sin embargo, la innovación no siempre es fácil ni barata. Los líderes financieros juegan un papel crucial al asegurar que los recursos necesarios para la innovación estén disponibles sin comprometer la estabilidad financiera a largo plazo. Esto incluye la inversión en nuevas tecnologías, la experimentación con modelos de negocio y la exploración de nuevos mercados.

Al fomentar una cultura de innovación, los líderes financieros están ayudando a la empresa a mantenerse competitiva y resiliente en el futuro. Esta mentalidad abierta al cambio debe permear toda la organización, impulsando una cultura de adaptación y progreso continuo.

2. Gestión de Crisis y Continuidad Cultural

Las crisis económicas o internas pueden poner a prueba la fortaleza de una cultura empresarial. En estos momentos, el liderazgo financiero juega un rol vital. La capacidad de manejar eficientemente una crisis financiera sin sacrificar los valores centrales de la empresa es una habilidad esencial. Los líderes financieros deben ser capaces de tomar decisiones difíciles que protejan la estabilidad financiera mientras mantienen el compromiso con la cultura organizacional.

Esto puede implicar recortes presupuestarios estratégicos, redirección de recursos o cambios en la estructura operativa. Sin embargo, un líder financiero eficaz siempre buscará formas de proteger los elementos fundamentales de la cultura empresarial, como el respeto, la colaboración y la innovación, incluso en tiempos de dificultad.

3. Promover la Diversidad e Inclusión a Través de la Gestión Financiera

La diversidad y la inclusión son componentes clave de una cultura empresarial moderna y exitosa. Los líderes financieros pueden promover estos valores a través de políticas que aseguren que los recursos estén disponibles para apoyar iniciativas de diversidad. Esto puede incluir la creación de programas de mentoría, la implementación de políticas salariales equitativas o la inversión en programas de desarrollo de liderazgo para empleados de grupos subrepresentados.

Al tomar decisiones financieras que promuevan la diversidad y la inclusión, los gerentes de finanzas ayudan a construir una cultura empresarial que sea más justa, colaborativa y resistente.

Liderazgo Financiero y Transformación Cultural: Casos de Éxito

Para entender cómo el liderazgo financiero puede transformar la cultura empresarial, es útil observar ejemplos reales de empresas que han utilizado esta dinámica con éxito.

Caso 1: Microsoft

Durante los primeros años del siglo XXI, Microsoft enfrentaba una crisis cultural. La compañía se había convertido en una organización con estructuras jerárquicas rígidas y una cultura competitiva que dificultaba la colaboración. Cuando Satya Nadella asumió el cargo de CEO en 2014, implementó un cambio significativo en la cultura, priorizando la colaboración, la inclusión y el aprendizaje continuo. Pero lo más importante, este cambio cultural fue apoyado por una estrategia financiera clara.

El liderazgo financiero de Microsoft alineó las inversiones y los presupuestos con los nuevos valores culturales, destinando recursos para el desarrollo de talento, iniciativas de diversidad e innovación tecnológica. Este cambio cultural, respaldado por una gestión financiera estratégica, ha sido clave en el resurgimiento de Microsoft como una de las empresas más innovadoras y valiosas del mundo.

Caso 2: Patagonia

Patagonia es conocida no solo por sus productos, sino también por su fuerte cultura de sostenibilidad. La empresa ha alineado sus decisiones financieras con su misión de proteger el medio ambiente. El liderazgo financiero de Patagonia ha priorizado inversiones en prácticas de producción sostenibles, políticas laborales justas y el compromiso con la responsabilidad social.

A través de esta estrategia financiera, la cultura de sostenibilidad se ha convertido en un componente fundamental del éxito de la empresa. Patagonia demuestra cómo una gestión financiera comprometida con los valores culturales puede impulsar no solo la rentabilidad, sino también un impacto positivo en la sociedad.

El Futuro del Liderazgo Financiero en la Cultura Empresarial

El liderazgo financiero desempeña un papel indispensable en la configuración de la cultura empresarial moderna. Al alinear las decisiones financieras con los valores culturales, los gerentes de finanzas no solo influyen en el éxito a corto plazo, sino que también garantizan la sostenibilidad a largo plazo de la organización. A medida que las empresas enfrentan un entorno empresarial cada vez más volátil y complejo, el liderazgo financiero será clave para crear culturas organizacionales resilientes, innovadoras y centradas en el éxito colectivo.

En última instancia, el liderazgo financiero no es solo una cuestión de números; es una cuestión de personas, valores y propósito. Cuando estos elementos se alinean, las empresas no solo sobreviven, sino que prosperan, creando un impacto positivo tanto en el mundo empresarial como en la sociedad en general.

Liderar con empatía y visión es una habilidad fundamental para cualquier líder financiero que desee impulsar el crecimiento empresarial y mejorar las relaciones dentro de la organización. Cuando hablamos de liderazgo en el área financiera, a menudo lo asociamos con la toma de decisiones rigurosas, la optimización de recursos y la maximización de los beneficios. Sin embargo, un verdadero liderazgo financiero va más allá de los números: implica una conexión humana profunda con el equipo y con los stakeholders. La empatía y la visión estratégica son dos componentes clave que permiten a los líderes financieros guiar a sus equipos hacia el éxito, promoviendo un ambiente de trabajo colaborativo y un crecimiento sostenible.

La importancia de la empatía en el liderazgo financiero

La empatía es la capacidad de ponerse en el lugar de los demás, de comprender sus sentimientos y perspectivas. En el ámbito financiero, donde las decisiones pueden ser duras y, a menudo, se perciben como frías o impersonales, la empatía ayuda a los líderes a mantener una perspectiva humana en todo momento. Este enfoque no solo beneficia a los empleados, sino que también mejora la relación con los stakeholders, quienes valoran a un líder que toma decisiones no solo basadas en cifras, sino también en el bienestar de las personas involucradas.

Tomemos, por ejemplo, el caso de una empresa que está atravesando una fase de reestructuración. En estas situaciones, los líderes financieros se ven obligados a tomar decisiones que pueden implicar despidos o recortes presupuestarios. Un líder financiero que lidera con empatía se asegura de que estas decisiones, aunque difíciles, se comuniquen con sensibilidad, respetando a las personas afectadas. Este tipo de liderazgo reduce la resistencia interna, minimiza el impacto emocional negativo y ayuda a mantener la confianza dentro de la organización.

Por otro lado, la empatía también se refleja en la forma en que un líder financiero interactúa con su equipo. Cuando los líderes entienden las preocupaciones, desafíos y motivaciones de sus colaboradores, pueden asignar tareas y responsabilidades de manera más efectiva, fomentando la productividad y el compromiso. Un equipo que se siente valorado y comprendido es más probable que supere las expectativas y se comprometa con los objetivos de la empresa.

Ejemplo: Un enfoque empático en tiempos de crisis

Durante la crisis financiera de 2008, muchas empresas tuvieron que hacer ajustes drásticos para sobrevivir. En medio de la tormenta económica, hubo líderes financieros que se destacaron por su capacidad para liderar con empatía. Un ejemplo notable fue el de

Howard Schultz, CEO de Starbucks, quien durante la crisis tomó la difícil decisión de cerrar cientos de tiendas y despedir a miles de empleados. Sin embargo, lo que distinguió a Schultz fue su enfoque empático en la comunicación y su compromiso con los empleados restantes.

Schultz realizó reuniones abiertas en las que compartió de manera transparente la situación de la empresa, explicó las razones detrás de las decisiones y, lo más importante, mostró empatía hacia aquellos que se verían afectados. Este enfoque no solo ayudó a preservar la moral entre los empleados, sino que también generó una mayor lealtad y confianza a largo plazo, lo que permitió a la empresa recuperarse rápidamente una vez que la crisis terminó.

Este tipo de liderazgo empático no es exclusivo de los directores ejecutivos; los gerentes financieros también pueden aplicar los mismos principios al liderar sus departamentos. Al mostrar empatía en tiempos difíciles, los líderes financieros pueden fortalecer la cohesión del equipo y garantizar que todos se sientan parte de la solución.

La visión estratégica como motor de crecimiento

Mientras que la empatía se centra en las relaciones humanas, la visión estratégica es lo que impulsa a la empresa hacia adelante. Un líder financiero con visión es aquel que no solo se enfoca en las necesidades actuales de la empresa, sino que también tiene la capacidad de anticipar tendencias, identificar oportunidades de crecimiento y guiar a la empresa en la dirección correcta.

Un ejemplo claro de liderazgo financiero visionario es Satya Nadella, CEO de Microsoft. Aunque su rol principal no era el de director financiero, su enfoque en la reinvención de la empresa y su apuesta por la nube transformó completamente el panorama financiero de Microsoft. Nadella vio que el futuro de la tecnología estaba en la computación en la nube y, bajo su liderazgo, la compañía cambió su modelo de negocio, logrando un crecimiento exponencial en sus ingresos.

En el contexto financiero, la visión estratégica implica entender no solo cómo manejar los activos actuales de la empresa, sino también cómo invertir en áreas que impulsarán el crecimiento a largo plazo. Esto podría incluir la adopción de nuevas tecnologías, la expansión hacia nuevos mercados o la diversificación de productos. La clave aquí es que los líderes financieros deben ser proactivos y no reactivos, anticipando cambios en el mercado antes de que ocurran y preparando a la empresa para aprovechar esas oportunidades.

Ejemplo: Un líder financiero visionario

Un buen ejemplo de un líder financiero que utilizó su visión estratégica para transformar una empresa es el caso de Ruth Porat, CFO de Alphabet (la empresa matriz de Google). Cuando Porat asumió el cargo en 2015, se enfrentaba a la tarea de mantener el crecimiento sostenido de una de las empresas más grandes del mundo. En lugar de limitarse a optimizar los recursos existentes, Porat implementó una estrategia de inversión en nuevas tecnologías, como la inteligencia artificial y la computación cuántica, áreas que tenían el potencial de generar ingresos significativos a largo plazo.

Gracias a su visión estratégica, Porat no solo logró aumentar la rentabilidad de Alphabet, sino que también posicionó a la empresa como líder en áreas emergentes, asegurando su relevancia en el futuro. Este ejemplo demuestra que los líderes financieros visionarios son fundamentales para guiar a las empresas a través de la incertidumbre y garantizar su crecimiento sostenible.

Comunicación efectiva entre el equipo financiero y los stakeholders

La comunicación efectiva es otro pilar fundamental del liderazgo financiero. Los líderes financieros no solo deben ser capaces de analizar datos y tomar decisiones, sino que también deben ser hábiles comunicadores, capaces de traducir información financiera compleja en un lenguaje que todos los stakeholders, desde empleados hasta inversionistas, puedan entender y valorar.

Un líder financiero que carece de habilidades de comunicación efectiva corre el riesgo de aislarse, lo que puede llevar a malentendidos, desconfianza y decisiones mal informadas. En cambio, aquellos que dominan el arte de la comunicación pueden crear puentes entre los diferentes departamentos de la empresa y los stakeholders externos, fomentando un ambiente de transparencia y colaboración.

La importancia de la transparencia y la claridad

Cuando un equipo financiero se comunica con claridad y transparencia, se genera un ambiente de confianza. Esto es especialmente importante en momentos de cambio o incertidumbre, cuando los stakeholders necesitan saber que sus intereses están siendo considerados. La comunicación clara y abierta ayuda a disipar rumores, reduce la ansiedad y garantiza que todos estén alineados con los objetivos de la empresa.

Un ejemplo de esto lo podemos encontrar en el sector bancario. Durante la crisis financiera de 2008, varios bancos enfrentaron el desafío de comunicar su situación financiera a los inversionistas y reguladores. Aquellos que fueron transparentes sobre sus dificultades y explicaron claramente sus planes de recuperación fueron los que lograron mantener la confianza de sus stakeholders. Por el contrario, los bancos que intentaron ocultar información o minimizar la gravedad de la situación perdieron la confianza de los inversionistas y enfrentaron una mayor inestabilidad.

Ejemplo: Comunicación efectiva en el sector tecnológico

En el sector tecnológico, donde las finanzas pueden ser difíciles de entender para quienes no están inmersos en el día a día de la empresa, la comunicación efectiva es esencial. Un ejemplo destacado es el de Tesla, una empresa que ha experimentado grandes altibajos financieros, pero que ha logrado mantener el apoyo de sus inversionistas gracias a la capacidad de Elon Musk y su equipo financiero para comunicar de manera efectiva los resultados y los planes futuros.

A lo largo de los años, Tesla ha enfrentado varios desafíos financieros, incluyendo pérdidas significativas en sus primeros años de operación. Sin embargo, la comunicación abierta y directa de Musk con los inversionistas ha sido clave para mantener la confianza. En lugar de ocultar las dificultades, Musk ha sido transparente sobre los desafíos que enfrenta la empresa y ha explicado cómo planea superarlos, lo que ha permitido que los stakeholders sigan confiando en la visión a largo plazo de la empresa.

Fomentar la colaboración entre el equipo financiero y otros departamentos

Además de la comunicación externa, es crucial que el equipo financiero tenga una comunicación efectiva con otros departamentos dentro de la empresa. Los líderes financieros que fomentan una cultura de colaboración entre su equipo y otros departamentos, como marketing, ventas o recursos humanos, pueden tomar decisiones más informadas y alineadas con los objetivos generales de la empresa.

Por ejemplo, si el departamento financiero colabora estrechamente con el equipo de ventas, pueden obtener una mejor comprensión de las proyecciones de ingresos y ajustar los presupuestos de manera más precisa. De la misma manera, al trabajar de la mano con el departamento de recursos humanos, los líderes financieros pueden asegurarse de que las decisiones sobre compensaciones o beneficios estén alineadas con la estrategia financiera global.

Ejemplo: Colaboración efectiva en el sector minorista

Un ejemplo claro de la importancia de la colaboración entre el equipo financiero y otros departamentos es el caso de Amazon. La empresa ha sido pionera en la integración de datos financieros con otros aspectos del negocio, como el marketing y la logística. El equipo financiero de Amazon trabaja estrechamente con todos los departamentos para asegurarse de que las decisiones estén alineadas con la visión estratégica de la empresa.

Gracias a esta colaboración, Amazon ha podido implementar estrategias innovadoras, como el uso de la inteligencia artificial para mejorar la experiencia del cliente y optimizar la cadena de suministro, lo que ha resultado en un crecimiento constante y sostenido. Este tipo de colaboración no sería posible sin una comunicación clara y efectiva entre todos los equipos, liderada por el departamento financiero.

Liderar con empatía y visión, junto con una comunicación efectiva, son habilidades esenciales para cualquier líder financiero que aspire a impulsar el crecimiento sostenible de su empresa. La empatía permite a los líderes conectar con sus equipos y stakeholders a un nivel más profundo, mientras que la visión estratégica les permite anticipar cambios y guiar a la empresa hacia nuevas oportunidades. Al mismo tiempo, la comunicación clara y efectiva garantiza que todos los involucrados estén alineados con los objetivos y estrategias de la empresa, fomentando un ambiente de confianza y colaboración.

En un mundo empresarial cada vez más interconectado y dinámico, los líderes financieros deben estar equipados no solo con habilidades técnicas, sino también con la capacidad de liderar con el corazón y la mente, inspirando a sus equipos y stakeholders a seguir su visión hacia el éxito.

Concepto	Descripción	Ejemplo	Impacto en el Crecimiento	Áreas Clave
Empatía en el liderazgo	Capacidad de comprender y conectar con los sentimientos y perspectivas de los empleados y stakeholders.	Howard Schultz (Starbucks) comunicando despidos de forma empática durante la crisis financiera de 2008.	Mejora de la moral y confianza del equipo.	Comunicación, Gestión del cambio, Motivación
Visión estratégica	Anticipar tendencias, identificar oportunidades y guiar a la empresa en la dirección correcta a largo plazo.	Ruth Porat (Alphabet) invirtiendo en IA y computación cuántica.	Impulso de la innovación y crecimiento sostenible.	Inversión, Innovación, Adaptabilidad
Comunicación efectiva	Habilidad de transmitir información financiera compleja de manera clara y comprensible para todos los	Elon Musk (Tesla) comunicando transparencia sobre dificultades financieras y planes de	Aumento de la confianza y colaboración.	Transparencia, Simplificación de datos, Alineación

	stakeholders.	recuperación.		
Transparencia en tiempos de crisis	Ser claro sobre la situación financiera para reducir rumores y generar confianza entre stakeholders.	Bancos durante la crisis de 2008 que fueron transparentes sobre su situación.	Mantiene la confianza de los inversores.	Confianza, Credibilidad, Gestión de expectativas
Colaboración entre departamentos	Coordinación entre el equipo financiero y otros departamentos para tomar decisiones más informadas y alineadas con los objetivos generales de la empresa.	Amazon integrando datos financieros con marketing y logística para optimizar la cadena de suministro.	Mejora la precisión en la planificación y ejecución.	Eficiencia, Colaboración interdisciplinaria
Enfoque empático en decisiones difíciles	Tomar decisiones duras (como recortes o despidos) mientras se comunica de manera respetuosa y comprensiva.	Starbucks cerrando tiendas, pero comunicando con sensibilidad a los empleados afectados.	Reduce la resistencia interna y mantiene la moral.	Manejo de crisis, Relaciones humanas
Adaptación a cambios en el	Anticipar y adaptarse a	Satya Nadella (Microsoft)	Expansión a nuevos	Innovación, Flexibilidad,

mercado	cambios externos, como fluctuaciones del mercado o avances tecnológicos, para mantener el crecimiento de la empresa.	apostando por la computación en la nube.	mercados y tecnologías.	Anticipación de cambios
Compromiso con los empleados	Valorar y comprender las motivaciones y preocupaciones de los empleados para fomentar un mayor compromiso y productividad.	Colaboración estrecha entre el equipo financiero y ventas para ajustar presupuestos y proyecciones.	Aumenta la productividad y el compromiso del equipo.	Motivación, Gestión de talento, Compromiso

APÉNDICES

Apéndice A: Casos de Simulación

En este apéndice, ofrecemos una serie de simulaciones diseñadas para brindar a los gerentes de finanzas las herramientas necesarias para enfrentar desafíos reales y complejos en el entorno empresarial. Cada simulación se enfoca en una situación clave que los líderes financieros pueden encontrar a lo largo de sus carreras, desde la creación de un plan financiero durante una crisis hasta la implementación de estrategias digitales que transformen el rendimiento económico. A través de estas simulaciones, los participantes tendrán la oportunidad de aplicar principios financieros fundamentales, tomar decisiones estratégicas y desarrollar un liderazgo proactivo que maximice el éxito empresarial en circunstancias difíciles.

Simulación 1: Creación de un Plan Financiero ante una Crisis

Escenario

Una empresa de manufactura global, con operaciones en varias regiones del mundo, se enfrenta a una crisis económica severa. La demanda de sus productos ha caído drásticamente debido a factores macroeconómicos, y sus ingresos han disminuido un 30% en el último trimestre. Los costos fijos, sin embargo, siguen siendo altos, lo que ejerce presión sobre la liquidez. Además, los mercados financieros están altamente volátiles, lo que genera incertidumbre adicional para acceder a crédito o refinanciar deudas.

Objetivo

El objetivo de esta simulación es que los gerentes de finanzas creen un plan financiero detallado que permita a la empresa navegar la crisis, preservando su capacidad de operación y mitigando el impacto en el largo plazo.

Desafíos Clave

- Liquidez: ¿Cómo mejorar la posición de caja de la empresa sin recurrir a despidos masivos o al cierre de líneas de producción clave?

- Costos: ¿Qué estrategias podrían implementarse para reducir costos operativos de manera sostenible?

- Financiamiento: ¿Cuáles son las opciones más viables de financiamiento en un mercado incierto y cómo afectarán a la empresa en el mediano y largo plazo?

Estrategia Propuesta

Para enfrentar esta crisis, los participantes deben proponer medidas tácticas y estratégicas como:

- Reestructuración de deuda: Negociar con los acreedores la extensión de plazos o la reducción temporal de pagos.

- Optimización de capital de trabajo: Implementar mejoras en la gestión de inventarios y cobros para liberar efectivo de manera rápida.

- Revisión de costos fijos: Identificar áreas donde se puedan reducir costos sin afectar la calidad o la continuidad del negocio.

- Diversificación de ingresos: Explorar nuevas fuentes de ingresos, como la venta de activos no esenciales o la entrada en nuevos mercados.

- Estrategias de gestión de riesgos: Evaluar cómo las coberturas de riesgo financiero, como los seguros de tipo de cambio, pueden ayudar a mitigar los impactos de la volatilidad del mercado.

Esta simulación no solo desafía a los participantes a desarrollar un plan de acción inmediato, sino también a considerar los efectos a largo plazo de sus decisiones financieras durante una crisis.

Simulación 2: Implementación de una Estrategia de Transformación Digital Financiera

Escenario

Una empresa de retail en crecimiento busca digitalizar sus operaciones financieras para aumentar la eficiencia y mejorar la toma de decisiones. Actualmente, sus sistemas financieros son obsoletos, y la falta de automatización está provocando errores humanos, demoras en la presentación de informes y una visibilidad limitada de su situación financiera en tiempo real. Además, la competencia ya ha comenzado a adoptar tecnologías digitales, lo que amenaza con dejar a la empresa rezagada.

Objetivo

El propósito de esta simulación es que los gerentes de finanzas diseñen y lideren una estrategia de transformación digital, mejorando los sistemas de información financiera de la empresa para optimizar sus procesos, reducir costos y aumentar la agilidad organizacional.

Desafíos Clave

- Evaluación de tecnologías: ¿Qué tecnologías financieras (fintech) y herramientas de automatización son las más adecuadas para implementar, teniendo en cuenta el tamaño y la estructura de la empresa?

- Costos de implementación: ¿Cómo equilibrar la inversión inicial necesaria para la transformación digital con la necesidad de mantener un flujo de caja estable?

- Gestión del cambio: ¿Cómo garantizar la adopción exitosa de las nuevas tecnologías entre los empleados y minimizar la resistencia interna?

Estrategia Propuesta

Los participantes deben considerar los siguientes pasos:

- Análisis de necesidades tecnológicas: Evaluar las áreas donde la automatización y las herramientas digitales pueden tener un impacto inmediato, como la contabilidad, la gestión de activos y la elaboración de informes.

- Implementación por fases: Desarrollar un plan de implementación por fases, comenzando con áreas críticas y ampliando gradualmente la digitalización a otros departamentos.

- Capacitación: Diseñar un plan de formación para el equipo financiero y otros empleados clave, garantizando que comprendan y adopten las nuevas herramientas.

- Evaluación de proveedores: Realizar una selección rigurosa de proveedores de software, asegurando que las soluciones elegidas sean escalables y puedan integrar los distintos aspectos de la operación financiera.

- Medición del retorno de inversión: Establecer indicadores clave de rendimiento (KPIs) para medir el éxito de la transformación digital, como la reducción en el tiempo de procesamiento de informes y la mejora en la precisión de los datos financieros.

Esta simulación ayudará a los líderes financieros a visualizar cómo la digitalización puede transformar sus departamentos y la empresa en su totalidad, desde la mejora en la toma de decisiones hasta la creación de ventajas competitivas sostenibles.

Simulación 3: Gestión de Riesgos Financieros en un Mercado Global

Escenario

Una compañía multinacional que opera en diversos mercados globales, se enfrenta a riesgos financieros complejos derivados de la fluctuación de las tasas de cambio, cambios en las políticas comerciales y la incertidumbre política. La volatilidad de los mercados financieros está afectando directamente su rentabilidad y su capacidad para gestionar sus activos y pasivos de manera efectiva.

Objetivo

El propósito de esta simulación es que los participantes desarrollen un enfoque integral para la gestión de riesgos financieros en mercados globales, ayudando a la empresa a mitigar los efectos adversos de la volatilidad y la incertidumbre.

Desafíos Clave

- Tasa de cambio: ¿Cómo puede la empresa protegerse contra las fluctuaciones adversas en las tasas de cambio?

- Riesgos políticos y regulatorios: ¿Qué estrategias debe adoptar la empresa para reducir su exposición a riesgos políticos, como la implementación de aranceles o cambios en la legislación fiscal?

- Diversificación de riesgos: ¿Cómo puede la empresa diversificar su exposición a diferentes mercados y monedas para equilibrar sus riesgos?

Estrategia Propuesta

La simulación puede incluir los siguientes enfoques:

- Uso de coberturas financieras: Implementar coberturas de riesgo cambiario mediante la compra de futuros, forwards o swaps para estabilizar las operaciones financieras.

- Diversificación de ingresos y mercados: Evaluar la posibilidad de entrar en mercados menos volátiles o desarrollar nuevos productos o servicios que no dependan tanto de una sola región geográfica o moneda.

- Revisión de políticas internas: Ajustar las políticas internas de gestión financiera para garantizar una mayor flexibilidad y capacidad de respuesta ante cambios regulatorios y políticos.

- Monitoreo constante: Implementar un sistema de monitoreo en tiempo real para estar al tanto de los cambios en los mercados financieros y ajustar la estrategia rápidamente.

La gestión de riesgos financieros es una habilidad esencial para los gerentes de finanzas que operan en mercados globales, y esta simulación les brinda las herramientas para abordar esos desafíos con confianza y visión estratégica.

Simulación 4: Optimización de Costos e Inversiones en Tiempos de Incertidumbre

Escenario

Una empresa de tecnología ha experimentado un crecimiento acelerado en los últimos años, pero la recesión económica actual ha reducido drásticamente sus ventas. Como respuesta, la gerencia financiera ha sido encargada de optimizar los costos sin comprometer el desarrollo continuo de productos innovadores ni la inversión en investigación y desarrollo (I+D), que es crucial para la competitividad a largo plazo.

Objetivo

El objetivo de esta simulación es que los participantes diseñen un plan para reducir costos de manera eficiente mientras se continúa invirtiendo en áreas críticas que aseguren el crecimiento futuro de la empresa.

Desafíos Clave

- Priorizar inversiones: ¿Cómo decidir qué áreas deben recibir inversión continua durante tiempos de incertidumbre?

- Reducción de costos: ¿Qué costos pueden reducirse o eliminarse sin comprometer la innovación y el desarrollo de productos?

- Equilibrio entre corto y largo plazo: ¿Cómo asegurar que las decisiones de reducción de costos no afecten negativamente la capacidad de la empresa para capitalizar oportunidades en el futuro?

Estrategia Propuesta

Los participantes deben proponer un plan que incluya:

- Análisis de costos detallado: Identificar áreas de desperdicio o redundancia, como en procesos operativos, gestión de inventarios o gastos generales.

- Optimización de la cadena de suministro: Implementar estrategias para reducir costos dentro de la cadena de suministro mediante negociaciones con proveedores o el uso de tecnologías para mejorar la eficiencia.

- Reasignación de recursos: Redirigir recursos hacia proyectos de mayor valor agregado o con un alto potencial de retorno de inversión.

- Evaluación del ROI en I+D: Priorizar las iniciativas de I+D con mayor potencial de éxito comercial en el corto y mediano plazo, mientras se mantiene un enfoque a largo plazo.

Esta simulación permitirá a los gerentes de finanzas practicar cómo encontrar el equilibrio adecuado entre el control de costos y la inversión estratégica durante tiempos de incertidumbre.

Simulación 5: Desarrollo de un Liderazgo Financiero Efectivo en una Empresa en Crecimiento

Escenario

Una startup de tecnología ha logrado un crecimiento rápido en su primer año y ha asegurado una nueva ronda de financiamiento. Sin embargo, la empresa carece de una estructura financiera sólida y procesos estandarizados para manejar el aumento de la complejidad en sus operaciones. El gerente financiero es responsable de implementar un liderazgo efectivo que guíe a la empresa hacia una gestión financiera sostenible, aprovechando las oportunidades de crecimiento sin comprometer su salud financiera.

Objetivo

El objetivo de esta simulación es que los gerentes de finanzas desarrollen un liderazgo proactivo, capaz de implementar una infraestructura financiera que respalde el crecimiento y fomente una cultura de responsabilidad financiera dentro de la organización.

Desafíos Clave

- Escalabilidad: ¿Cómo implementar sistemas financieros que puedan crecer junto con la empresa?

- Gestión de flujo de efectivo: ¿Cómo gestionar de manera efectiva el flujo de caja a medida que la empresa crece y enfrenta nuevos desafíos de liquidez?

- Cultura financiera: ¿Cómo educar a los equipos en la importancia de la gestión financiera y fomentar la toma de decisiones informada en todas las áreas?

Estrategia Propuesta

Los participantes deben abordar estos desafíos proponiendo:

- Creación de un sistema financiero escalable: Implementar tecnologías que puedan crecer con la empresa, como software de contabilidad y ERP que mejoren la visibilidad financiera y el control.

- Gestión de flujo de caja: Desarrollar proyecciones de flujo de caja a corto y largo plazo, asegurando que la empresa pueda manejar periodos de rápida expansión sin poner en riesgo su liquidez.

- Liderazgo y educación financiera: Crear programas de formación para los equipos no financieros, mejorando su comprensión de los estados financieros y la importancia de la gestión presupuestaria en todas las decisiones operativas.

Esta simulación destaca la importancia del liderazgo financiero como una función clave para el éxito de las empresas en crecimiento y cómo los gerentes financieros pueden ser agentes de cambio proactivos.

Apéndice B: Herramientas y Recursos Prácticos

En este apéndice, se presentan una serie de herramientas y recursos prácticos diseñados para ayudar a los líderes financieros a gestionar de manera más eficiente las finanzas de sus organizaciones. La gestión financiera eficaz requiere un enfoque tanto estratégico como técnico, y el uso adecuado de plantillas, guías y herramientas tecnológicas puede marcar la diferencia entre un liderazgo financiero reactivo y uno proactivo. A lo largo de este apéndice, se describen plantillas de análisis financiero, guías para la automatización de procesos financieros y un listado de herramientas tecnológicas emergentes que los líderes financieros pueden implementar para mejorar la toma de decisiones, reducir costos y optimizar operaciones.

Plantillas de análisis financiero

El análisis financiero es la piedra angular de cualquier decisión empresarial sólida. Los líderes financieros necesitan evaluar regularmente la salud financiera de su empresa, identificar oportunidades de crecimiento, gestionar riesgos y optimizar el uso de los recursos. Para facilitar este proceso, ofrecemos una serie de plantillas de análisis financiero que cubren las áreas clave del desempeño empresarial.

Plantilla 1: Análisis de Balance General

El balance general ofrece una visión detallada de los activos, pasivos y el patrimonio de una empresa en un momento específico. Esta plantilla permite a los gerentes financieros desglosar cada componente del balance, analizar la liquidez, y la solvencia de la empresa. Un ejemplo práctico del uso de esta plantilla sería la evaluación de la relación entre los activos circulantes y los pasivos corrientes para determinar si la empresa tiene suficiente liquidez para cubrir sus obligaciones a corto plazo. Un ratio de liquidez de 1.5, por ejemplo, indicaría que la empresa tiene $1.50 en activos circulantes por cada $1 de pasivo corriente, lo que sugiere una situación financiera estable.

Plantilla 2: Análisis de Estado de Resultados

Esta plantilla se enfoca en analizar los ingresos y gastos de la empresa para determinar su rentabilidad. Los líderes financieros pueden usar esta plantilla para hacer un seguimiento del margen de utilidad bruta, el margen operativo y el margen neto. Por ejemplo, si una empresa de manufactura ve una caída en su margen bruto, un análisis detallado puede revelar un aumento en los costos de materias primas o un cambio en la eficiencia operativa. A partir de estos resultados, los líderes pueden implementar medidas correctivas, como renegociar con proveedores o revisar la eficiencia en la producción para restaurar la rentabilidad.

Plantilla 3: Análisis de Flujo de Caja

El flujo de caja es uno de los indicadores más críticos de la salud financiera de una empresa. Esta plantilla permite a los gerentes financieros desglosar las entradas y salidas de efectivo de la empresa, separando las actividades operativas, de inversión y de financiamiento. Un ejemplo práctico es el análisis de una empresa en expansión que está invirtiendo fuertemente en nuevas instalaciones. Si la plantilla de flujo de caja muestra que las salidas de efectivo relacionadas con inversiones están superando las entradas de efectivo operativas, los líderes financieros pueden necesitar ajustar el ritmo de expansión o explorar nuevas fuentes de financiamiento para evitar problemas de liquidez.

Plantilla 4: Análisis de Ratios Financieros

Los ratios financieros proporcionan una evaluación comparativa rápida de la salud financiera y la eficiencia operativa de una empresa. Esta plantilla incluye los ratios más utilizados, como el ratio de endeudamiento, el ratio de rentabilidad sobre activos (ROA), y el ratio de rentabilidad sobre el capital (ROE). Un ejemplo sería una empresa de tecnología que analiza su ratio de ROE para evaluar la efectividad con la que está utilizando el capital de sus inversores. Si el ROE es bajo en comparación con los competidores, esto podría ser una señal de que la empresa necesita optimizar sus procesos operativos o reconsiderar su estrategia de inversión en investigación y desarrollo.

Estas plantillas brindan a los líderes financieros una manera estructurada de analizar los datos financieros y tomar decisiones informadas que promuevan el crecimiento sostenible y la estabilidad a largo plazo.

Guías para la automatización financiera

La automatización financiera ha dejado de ser una opción y se ha convertido en una necesidad para las empresas que buscan mantenerse competitivas en el mercado actual. Los avances en tecnología han permitido a las empresas reducir significativamente el tiempo y los costos asociados con procesos financieros manuales, mejorar la precisión de los informes y obtener información en tiempo real para la toma de decisiones estratégicas. Este apartado incluye guías prácticas para ayudar a los líderes financieros a implementar la automatización en diferentes áreas clave de las finanzas.

Guía 1: Automatización del Proceso de Cuentas por Pagar

El proceso de cuentas por pagar es uno de los más propensos a errores y retrasos en una empresa cuando se realiza manualmente. Automatizar este proceso no solo mejora la precisión y eficiencia, sino que también reduce el riesgo de fraudes y duplicidades. En esta guía, los líderes financieros aprenderán a identificar las áreas críticas que pueden automatizarse, como la validación automática de facturas y la conciliación de pagos. Por ejemplo, una empresa puede implementar un sistema de escaneo óptico de facturas que compare automáticamente los datos de las facturas con los pedidos de compra y los registros de entrega, aprobando solo aquellas que coincidan perfectamente.

Guía 2: Automatización de la Elaboración de Informes Financieros

La elaboración de informes financieros es un proceso que consume tiempo y requiere precisión. Esta guía muestra cómo implementar herramientas de software que permitan la generación automática de informes de estados financieros y de cumplimiento normativo. Las empresas pueden programar la generación periódica de informes que se basen en datos en tiempo real, lo que les permite identificar tendencias emergentes antes que la competencia. Por ejemplo, un líder financiero puede configurar un informe automatizado que resuma las principales métricas financieras de la empresa cada semana, proporcionando a la alta dirección información actualizada para la toma de decisiones.

Guía 3: Automatización de la Gestión de Flujo de Caja

El flujo de caja es fundamental para el éxito de una empresa, y la automatización de su gestión puede evitar que se produzcan crisis de liquidez. Esta guía ofrece pasos prácticos para automatizar la previsión de flujo de caja, utilizando algoritmos predictivos que analicen datos históricos y proyecciones de ventas para anticipar posibles problemas de liquidez. Por ejemplo, una empresa de retail podría utilizar una herramienta de automatización que proyecte sus necesidades de efectivo basándose en patrones estacionales y tendencias de ventas, lo que le permite ajustar sus políticas de crédito y gestionar mejor su inventario para mantener un flujo de caja saludable.

Guía 4: Automatización de la Gestión Presupuestaria

Los presupuestos empresariales suelen ser objeto de continuas revisiones, lo que puede consumir mucho tiempo si se hace manualmente. Esta guía enseña cómo implementar sistemas que automatizan la creación y el seguimiento de presupuestos, permitiendo que las empresas ajusten sus planes en tiempo real a medida que cambian las condiciones del mercado. Un ejemplo sería una empresa de fabricación que utiliza un software de automatización de presupuestos para comparar sus gastos reales con los presupuestados en tiempo real, permitiéndole ajustar rápidamente sus gastos operativos para evitar excedentes no planificados.

Estas guías proporcionan a los líderes financieros un marco claro para la implementación de soluciones de automatización que mejorarán la eficiencia operativa, reducirán errores y optimizarán el uso de recursos.

Listado de herramientas tecnológicas emergentes para líderes financieros

La tecnología sigue transformando el panorama financiero, y los líderes financieros deben estar al tanto de las herramientas emergentes que tienen el potencial de transformar sus operaciones. A continuación, se presenta una lista de herramientas tecnológicas que están revolucionando la gestión financiera y que los líderes pueden implementar para mantenerse competitivos en el entorno actual.

1. Herramientas de inteligencia artificial y machine learning para la predicción financiera

La inteligencia artificial (IA) y el machine learning están redefiniendo la manera en que las empresas realizan predicciones financieras. Estas tecnologías pueden analizar grandes volúmenes de datos en tiempo real y detectar patrones que los humanos podrían pasar por alto. Herramientas como Alteryx o DataRobot permiten a los líderes financieros crear modelos predictivos para anticipar tendencias en ingresos, costos, e incluso identificar fraudes. Por ejemplo, un minorista podría usar un modelo de machine learning para predecir fluctuaciones en la demanda de productos durante el próximo trimestre, lo que le permitiría ajustar su inventario en consecuencia y evitar pérdidas por sobreoferta o desabastecimiento.

2. Plataformas de automatización de procesos robóticos (RPA)

El uso de la automatización de procesos robóticos (RPA) permite a las empresas automatizar tareas repetitivas como la introducción de datos o la conciliación de cuentas bancarias. Herramientas como UiPath o Automation Anywhere son líderes en esta tecnología y permiten que los departamentos financieros ahorren tiempo y reduzcan errores. Un ejemplo sería una empresa que usa RPA para automatizar el proceso de cierre de fin de mes, eliminando la necesidad de introducir manualmente grandes cantidades de datos contables y acelerando el proceso de cierre financiero de semanas a días.

3. Plataformas de análisis financiero en la nube

Las plataformas basadas en la nube permiten a las empresas acceder y analizar datos financieros desde cualquier lugar y en cualquier momento. Herramientas como Adaptive Insights y Oracle NetSuite proporcionan a los líderes financieros una visión integral de sus operaciones financieras, permitiendo una mayor colaboración entre equipos y una mejor toma de decisiones basada en datos en tiempo real. Por ejemplo, una empresa global podría usar Adaptive Insights para permitir que sus equipos en diferentes regiones accedan a los mismos datos financieros y colaboren en la creación de presupuestos, asegurando coherencia en la estrategia financiera global.

4. Plataformas de gestión de riesgos y cumplimiento normativo

El cumplimiento normativo es una preocupación constante para las empresas en todo el mundo. Herramientas como MetricStream o LogicGate ayudan a las empresas a gestionar el riesgo y cumplir con las normativas de manera más eficiente. Estas plataformas permiten a los líderes financieros identificar, evaluar y mitigar riesgos potenciales de forma proactiva. Un ejemplo de uso sería una empresa que opera en múltiples jurisdicciones y utiliza MetricStream para asegurarse de que todas sus operaciones cumplan con las regulaciones locales en términos de impuestos y normativas financieras, evitando costosas sanciones.

El uso adecuado de estas herramientas y recursos no solo permite a los líderes financieros optimizar sus operaciones, sino también desempeñar un papel más estratégico en la toma de decisiones empresariales. Al aprovechar plantillas estructuradas, automatización de procesos y las tecnologías más avanzadas, los gerentes financieros pueden guiar a sus organizaciones hacia un crecimiento más ágil, eficiente y sostenible.

FIN

www.ingramcontent.com/pod-product-compliance
Lightning Source LLC
Chambersburg PA
CBHW070355230526
45471CB00006B/2572